中国社会科学院创新工程学术出版资助项目

居安思危·世界社会主义小丛书

中国特色社会主义纵横谈

朱佳木◎著

社会科学文献出版社

SOCIAL SCIENCES ACADEMIC PRESS (CHINA)

居安思危·世界社会主义小丛书
编　委　会

"居安思危·世界社会主义小丛书"总序（修订稿）

中国社会科学院原副院长

世界社会主义研究中心主任、研究员

李慎明

"居安思危·世界社会主义小丛书"既是中国社会科学院世界社会主义研究中心奉献给广大读者的一套普及科学社会主义常识的理论读物，又是我们集中院内外相关专家学者长期研究、精心写作的严肃的理论著作。

为适应快节奏的现代生活，每册书的字数一般限定在4万字左右。这有助于读者在工作之余或旅行途中一次看完。从 2012 年 7 月开始的三五年内,这套小丛书争取能推出 100 册左右。

这是一套"小"丛书,但涉及的却是重大的理论、重大的题材和重大的问题。主要介绍科学社会主义基本理论及重要观点的创新,国际共产主义运动中重大历史事件和重要领袖人物(其中包括反面角色),各主要国家共产党当今理论实践及发展趋势等,兼以回答人们心头常常涌现的相关疑难问题。并以反映国外当今社会主义理论与实践为主,兼及我国的革命、建设和改革开放事业。

从一定意义上讲,理论普及读物更难撰写。围绕科学社会主义特别是世界社会主义一系列重大理论和现实问题,在极有限的篇幅内把立论、论据和论证过程等用通俗、清新、生动的语言把事物本质与规律讲清楚,做到吸引人、说服人,实非易事。这对专业的理论工作者无疑是挑战。我们愿意为此作出努力。

以美国为首的西方世界的国际金融危机,本质上是经济、制度和价值观的危机,是推迟多年推迟多次不得不爆发的危机,这场危机远未见底且在深化,绝不是三五年就能轻易走出去的。凭栏静听潇潇雨,世界人民有所思。这场危机推动着世界各国、各界特别是发达国家和广大发展中国家的普通民众开始进一步深入思考。可以说,又一轮人类思想大解放的春风已经起于青蘋之末。然而,春天到来往往还会有"倒春寒";在特定的条件下,人类社会也有可能还会遇到新的更大的灾难,世界社会主义还有可能步入新的更大的低谷。但我们坚信,大江日夜逝,毕竟东流去,世界社会主义在本世纪中叶前后,极有可能又是一个无比灿烂的春天。我们这套小丛书,愿做这一春天的报春鸟。党的十八大后,在以习近平同志为总书记的党中央正确而又坚强的领导下,我们更加充满了信心。

现在,各出版发行企业都在市场经济中弄潮,出版社不赚钱决不能生存。但我希望我们这套小丛书每册定价不要太高,比如说每本 10 元是否可行? 相关方面在获取应得的适当利润后,让普通民众买得起、读得起才好。买的人多了,薄利多销,利润也就多了。这是常识,但有时常识也需要常唠叨。

敬希各界对这套丛书进行批评指导,同时也真诚期待有关专家学者和从事实际工作的各级领导及各方面的人士为我们积极撰稿、投稿。我们选取稿件的标准，就是符合本丛书要求的题材、质量、风格及字数。

2013 年 3 月 18 日

目录 | CONTENTS

一 由新民主主义向社会主义提前过渡的原因

（一）国际国内形势的变化是由新民主主义提前向社会主义过渡的历史背景

中国共产党的最高纲领是实现社会主义和共产主义,因此,新民主主义革命胜利后还要继续进行社会主义革命,由新民主主义向社会主义过渡,这一点是确定的,也是天经地义的。对此,我们党从来没有隐讳过。然而,中华人民共和国成立前夕和成立之初,中国共产党的主要领导人曾多次表示,在新民主主义革命胜利之后,不可能马上进行社会主义革命,而要先经过新民主主义的过渡阶段。毛泽东说:这个过渡阶段是"一个相当长的时期"①;刘少奇说:"也许全国胜利后还要 15 年"②,"少则10 年、多则 15 年"③。可是,新中国成立刚 3 年,毛泽东即提出要由新民主主义向社会主义过渡,并用 10 ~ 15 年

① 《毛泽东选集》第 4 卷,人民出版社,1991,第 1431 页。
② 《刘少奇论新中国经济建设》,中央文献出版社,1993,第 7 页。
③ 《刘少奇论新中国经济建设》,中央文献出版社,1993,第 209 页。

时间基本上完成这个过渡，而且实际上从正式提出过渡时期总路线到完成"三大改造"只用了 3 年时间。这个原因究竟是什么？究竟出现了什么新的情况，会使中国共产党的决策发生如此重大的转变？

对于这个问题，过去一直没人深究。自从改革开放以来，学术界对此发出了质疑的声音，也有过各种各样的分析。有的认为原因是毛泽东有强烈的社会主义思想，想在中国尽快实现社会主义；有的甚至认为毛泽东有民粹主义思想，想跃过工业化搞社会主义，等等。这些看法既不符合毛泽东的实际想法，也违背了历史唯物主义关于历史变动最深刻的根源应当从经济中而不是从人的思想中寻找的基本原理，所以是缺乏说服力的。

还有一些看法虽然有一定道理，但并不足以解释发生如此大的变化的根本原因。比如，有的认为，这是由于新中国成立后资本家的"五毒"行为激化了工人阶级同资产阶级的矛盾，促使新民主主义经济中两条道路的斗争被突出；有的认为，这是由于西方帝国主义采取敌视新中国的政策，迫使中国共产党决定按照苏联模式进行建设；有的认为，这是由于新中国成立初期经济恢复工作取得了超出预期的成绩,工业产值在工农业总产值中超过了一半,国营工商业的产值、收入超过了私营工商业的产值、收入,加入合作社的农户超过了个体农户,新中国具备了提前向社会主义过渡的客观条件,是水到渠成的结果,等等。然而,如果仅仅是因为这些原因就决定放弃新民主主义政策,那么当初之所以决定先用十几年时间搞新民主主义,主要是为工业化建设积累资金、物资、技术又当如何解释呢?要知道,上述原因都不足以说明资金、物资、技术有了着落。所以,我认为,这些看法并没有说出决定提前向社会主义过渡的根本原因,也是难以令人信服的。

只要回顾历史就会发现,中国共产党的决策者凡是在论述中国革命的发展战略时,总是将之与论述中国经济尤其是工业经济的发展状况联系在一起的。例如,毛泽东在1940年的《新民主主义论》中,讲到中国革命必须分两步走,第一步先建立新民主主义共和国,并不禁止"不能操纵国民之生计"的资本主义生产的发展时指出:"这是因为中国经济还十分落后的缘故。"①在1945年中

---

① 《毛泽东选集》第2卷,人民出版社,1991,第666、678页。

共七大的报告中,他讲到如果没有私人资本主义经济和合作社经济的发展,要建立社会主义社会只是空想时又指出:"在新民主主义的政治条件获得之后,中国人民及其政府必须采取切实的步骤,在若干年内逐步地建立重工业和轻工业,使中国由农业国变为工业国。"[①]当他作七大结论,讲到中国要提倡新民主主义的资本主义时再次指出:这种资本主义"在中国及欧洲、南美的一些农业国家中还有用"[②]。在 1948 年 9 月中共中央政治局会议上,当他和刘少奇都讲"过早地采取社会主义政策是要不得的""到底何时开始全线进攻? 也许全国胜利后还要 15年"时,也都是首先分析当时的工业状况。例如,他们指出:"工业生产是在全国胜利后,顶多占国民经济的10% ~ 20%";"连资本主义工业在内,整个近代机器工业的生产量顶多占 10% ~ 20%"。[③] 1949 年中共七届二中全会上,毛泽东讲得更清楚。他说:中国的工业和农业在国民经济中的比重,大约是现代性的工业占 10% ,农业和

① 《毛泽东选集》第 3 卷,人民出版社,1991,第 1060、1081 页。
② 《毛泽东文集》第 3 卷,人民出版社,1996,第 385 页。
③ 《刘少奇论新中国经济建设》,中央文献出版社,1993,第 1、7 页。

手工业占 90%，这"是在中国革命的时期内和在革命胜利以后一个相当长的时期内一切问题的基本出发点"。"由于中国经济现在还处在落后状态，在革命胜利以后一个相当长的时期内，还需要尽可能地利用城乡私人资本主义的积极性，以利于国民经济的向前发展。"①刘少奇在1949 年 6 月写的一份党内报告提纲中也说："只有在经过长期积累资金、建设国家工业的过程之后，在各方面有了准备之后，才能向城市资产阶级举行第一个社会主义的进攻，把私人大企业及一部分中等企业收归国家经营。"②

上述情况说明，中国共产党决策层之所以决定在革命胜利后实行一段新民主主义政策，然后再向社会主义过渡，主要原因是考虑到中国当时的经济尤其是现代工业太落后，在这种情况下要进行大规模工业化建设，需要有充足的资金引进先进工业国的设备，有雄厚的人才队伍设计、建设和管理工厂，而当时中国一无资金（旧中国政府的钱基本被赔款赔光了，剩下一点黄金美元也被蒋

① 《毛泽东选集》第 4 卷，人民出版社，1991，第 1430、1431 页。
② 《刘少奇论新中国经济建设》，中央文献出版社，1993，第 148 页。

介石运到了台湾），二缺人才（1912～1948 年的 36 年里国内高校毕业生总共 21 万人，其中工科毕业生 3 万人，硕士 200 人，博士一个没有，1950 年全国科技人员不到 5 万人）。因此，需要利用农业和私人资本主义发展轻纺工业，通过税收积累资金，并利用这段时间培养工业建设人才，等到财力、物力、人力有了一个较大的发展之后，再来重点发展重工业，相应地消灭资本主义，实行社会主义。当时，他们虽然没有具体地设想将来采取什么样的工业化战略，也没有明确地把上述考虑概括为中国工业化的发展道路，但实际上已经向世人勾勒出了这条道路的轮廓。

那时，中国共产党人面前摆着三条工业化的道路：一条是欧、美等老牌资本主义国家的道路，先通过对内剥夺农民、对外掠夺殖民地半殖民地，然后投资轻工业，待进一步积累资金后，再来发展重工业；另一条是德、日等后起资本主义国家的道路，用国家的力量，对外加紧进行争夺殖民地、半殖民地的战争，对内加大税收，较快积累充足资金，先发展重工业；再一条是社会主义苏联的道路，通过国内已有一定基础的工业，加上国家的统一计划，对内实行高积累、高投入，以保证优先发展重工业。对中国共产党人来说,这三条路中,前两条没有条件走也不可能走;第三条路在1945年抗日战争胜利前后考虑建立联合政府和1947年以后考虑建立人民民主专政国家时,都不具备走的条件。因此,当中国共产党的决策者反复表示,在新民主主义革命胜利后,要利用私人资本主义发展工业,等到中国由农业国变为工业国后再进行社会主义革命时,实际上是在说,中国打算采用第四条道路,也就是新民主主义的道路来实现工业化,即通过没收官僚资本和自力更生,巩固和壮大国有工业基础和技术力量,在国有经济的主导下,重点发展私人资本主义工业(其中主要是轻工业),以此积累资金,扩充装备和技术队伍,然后再重点发展重工业。

1949年9月,中国人民政治协商会议制定的《共同纲领》第四章"经济政策"的第35条"关于工业"中,写着"应以有计划有步骤地恢复和发展重工业为重点"[1],但这并不等于当时把重点发展重工业当成中国工业化建设的方针。因为,正如毛泽东所言,"《共同纲领》只说现阶段

---

[1] 《建国以来重要文献选编》第1册,中央文献出版社,1992,第9页。

的任务"①,而当时"现阶段的任务"主要是恢复经济。因此,这里所说的以"恢复和发展重工业为重点",只是就恢复工业而言的,并非指国家的工业化建设。

新中国成立之初,刘少奇在谈到中国工业化道路问题时,不仅重申要发展一段新民主主义经济,而且逐步明晰了先着重发展农业和轻工业,等积攒到足够资金后再重点发展重工业的思路。例如,他在1950年的一份手稿中写到,中国工业化的过程,大体要循着这样的道路前进:首先,恢复经济,使不能独立生产的工厂尽可能独立地生产;其次,要以主要力量发展农业和轻工业,同时建立必要的国防工业;再次,以更大的力量建立重工业基础,并发展重工业;最后,以重工业为基础,大大发展轻工业和使农业生产机械化。他解释说:"只有农业的发展,才能供给工业以足够的原料和粮食,并为工业的发展扩大市场。只有轻工业的发展,才能供给农民需要的大量工业品,交换农民生产的原料和粮食,并积累继续发展工业的资金。""使中国工业化,是需要巨大的资金的,而没

---

① 熊华源、汤桂芳:《"共同纲领"诞生记》,《党的文献》1989年第5期。

8

有资金,没有数百亿银元的资金投资于工业,特别是重工业,那就不要想加快我们的工业化。"①1951 年 5 月,他在中国共产党第一次全国宣传工作会议上的报告中又指出:首先要恢复和发展农业,其次是发展工业,"重工业和轻工业,开始还是要搞一些轻工业。因为轻工业可以赚钱,也容易办些,又不用很多的资本"。"轻工业发展了再来大量地进行重工业建设。"他还说,经过 10 年经济建设计划,新中国的面貌就要改变,"到那时我们的国家才可以考虑到社会主义去的问题"。② 两个月后,他对马列学院的第一班学员发表了著名的《春耦斋讲话》,在讲到经济建设的步骤时,还是讲首先要恢复农业和一切可能恢复的工业,其次要发展农业和轻工业以及必要的可能的重工业,然后全面发展重工业,最后依靠重工业进一步发展农业和轻工业。与此同时,他指出:"十年建设加三年准备是十三年。到那时看情形怎样,或再搞个五年计划,进入社会主

① 《刘少奇论新中国经济建设》,中央文献出版社,1993,第 173、174 页。

② 《刘少奇论新中国经济建设》,中央文献出版社,1993,第 181 ~ 182 页。

义。采取社会主义步骤,少则十年、多则十五年,二十年恐怕不要。"①

从刘少奇的上述讲话中不难看出,中国共产党决策者当时仍然考虑用新民主主义的办法,先着重发展轻工业,再着重发展重工业,并没有一个优先发展重工业的工业化方针,因此也不打算很快采取社会主义的步骤。虽然他在讲话中一再声明,这只是"个人意见","不是定见",讲出来供大家"研究""批评""补充",但他的这些意见与党中央关于革命胜利后需要"广泛地发展资本主义"②的方针是完全一致的。毛泽东在1950年6月全国政协一届二次会议的讲话中仍然强调:实行私营工业国有化和农业社会化还在很远的将来。③ 这说明,新中国成立初期,党内在先着重发展轻工业然后再发展重工业的问题上,是有共识的。虽然1950年和1951年,党内在要不要扩大农村互助合作组织、要不要推广土地入股的农业生产合作社等问题上发生过争论,但那还只涉及农业

① 《刘少奇论新中国经济建设》,中央文献出版社,1993,第209页。
② 《毛泽东文集》第3卷,人民出版社,1996,第322页。
③ 《毛泽东文集》第6卷,人民出版社,1999,第80页。

的半社会主义化问题，并没有超出《共同纲领》所规定的新民主主义经济政策的范围。而且自1951年7月《春耦斋讲话》之后，也未见刘少奇再就先发展轻工业和巩固新民主主义秩序问题发表过意见。因此，很难说1951年之前，中国共产党决策者在工业化发展道路和由新民主主义向社会主义过渡问题上有过什么原则分歧。

但是，到了1950年下半年，国际国内形势变了。我认为正是这个变化，导致中共中央作出由重点发展农业和轻工业变为优先发展重工业，由先搞一段新民主主义变为提前向社会主义过渡的决策。这个变化主要表现在以下三件事情上。

1. 美国出兵朝鲜使优先发展重工业变得尤为迫切

1950年6月25日，朝鲜战争爆发。翌日，美国调动其在日本的海空军支援韩国军队，同时派军舰封锁台湾海峡，阻击人民解放军解放台湾。同年9月，大批美军在仁川登陆，10月越过三八线，迅速推进至鸭绿江边，使我东北重工业基地暴露在美军炮火之下，也使我国随时有被美军入侵的威胁。所以，新中国尽管刚刚成立不久，面对国民党留下的烂摊子，百废待兴，最终还是于1950年

10月下旬派出了志愿军。然而,当时无论国力还是军力,中美双方都相差极大,与过去抗日战争的情况大不相同,与解放战争的情况也不可同日而语。这只要看看以下一些数字就清楚了。

先看1950年中美两国经济力量的对比:国民生产总值为100亿美元对2400亿美元,相差23倍;人均国民生产总值为24美元对1600美元,相差65.7倍;国防开支为7亿美元对150亿美元,相差20倍;钢产量为60万吨对8700万吨,相差144倍;原油产量为20万吨对2.6亿吨,相差1299倍;发电量为45亿度对3800亿度,相差83倍;汽车为0对600万辆。

再看朝鲜战场上中美双方军力的对比:从三年里军费开支看,中美分别为10亿美元和400亿美元,相差39倍;从三年里消耗物资看,中美分别为560万吨和7300万吨,相差12倍。从战争初期中美双方装备看:飞机为0架对1100架(中方参战的高炮团只有一个,共34门炮,其中摆在鸭绿江中方桥头有12门),军舰为0对300艘,坦克为0对一个军430辆,火炮为一个师小口径12门对一个师大口径432门,电台为一个军几十台(配备到营)

对一个师 1600 台(配备到班排),汽车为一个军 40～100 辆(38 个军)对一个军 7000 辆。

只要看看这些数字就清楚,双方在经济实力、武器装备上都极不相称,可以说中国志愿军是凭着血肉之躯加勇敢精神,在和美军的钢铁比拼。这从长远看,显然是不行的。要改变这种状况,只有尽快发展重工业。

2."一五"计划在起草时把优先发展重工业当作重点

早在 1950 年的 11 月、12 月,中国志愿军对以美国为首的"联合国军"仅发动了两次战役,便将敌人打回到三八线,从根本上扭转了朝鲜战局。1951 年 2 月,毛泽东根据国内经济开始好转和抗美援朝战局趋于稳定的形势,提出"三年准备、十年计划经济建设"的思想,决定从 1953 年起实施第一个五年计划。接着,周恩来、陈云、薄一波、李富春等人组成"一五"计划的编制领导小组,着手试编工作。"一五"计划的编制首先碰到的一个问题就是,这个计划究竟以什么为指导思想,或者说从哪里入手,什么是重点呢? 对于这个问题,编制者们一开始是有不同讨论意见的。这从薄一波《若干重大决策与事件的回顾》一书中可以看出。他说:"把一个经济落后的农业大国逐步建设成为工业国,从何起步? 这是编制计划之初就苦苦思索的一个问题。有关部门的同志也曾引经据典地进行过探讨,把苏联同资本主义国家发展工业化的道路作过比较,提出过不同的设想。经过对政治、经济、国际环境诸多方面利弊得失的反复权衡和深入讨论之后,大家认为必须从发展原材料、能源、机械制造等重工业入手。"①他讲的这段话说明,中国共产党决策者在制订"一五"计划时,对于前一时期先着重发展轻工业再着重发展重工业的方针,进行了重新思考,提出了新的优先发展重工业的战略构想。

从现有的材料看,第一次透露"一五"计划的重点是重工业和国防工业的,是中共中央于 1951 年 12 月 1 日作出的《关于实行精兵简政,增产节约,反对贪污、反对浪费和反对官僚主义的决定》。在这个决定中,毛泽东加了下面一段话:"从一九五三年起,我们就要进入大规模经济建设了,准备以二十年时间完成中国的工业化。完成工

① 薄一波:《若干重大决策与事件的回顾》(上),中共中央党校出版社,1991,第 290 页。

业化当然不只是重工业和国防工业,一切必要的轻工业都应建设起来。为了完成国家工业化,必须发展农业,并逐步完成农业社会化。但是首先重要并能带动轻工业和农业向前发展的是建设重工业和国防工业。"①这段话表明,毛泽东已经倾向于把优先发展重工业当成国家工业化的战略,并为此提出了农业合作化的任务。

又过了半年,李富春在1952年5月中央财政经济委员会(简称中财委)召开的全国财经会议上,作关于"一五"计划指导思想与分行业计划的报告,明确说:"经济建设的重点放在重工业,尤其是钢铁、燃料动力、机械军工、有色金属和化学工业等基础工业上,为我国工业化打下基础;农业、轻工业和交通等事业应当围绕重工业这个中心来发展。"②会后,中财委会同有关部门做了两件事,一是对"一五"计划的轮廓草案作进一步修改,二是准备请求苏联支援"一五"计划中重工业基建项目的有关材料。7月1日,陈云将"一五"计划草案报送毛泽东,附信说:

① 《毛泽东文集》第6卷,人民出版社,1999,第207页。
② 《李富春传》,中央文献出版社,2001,第421页。

草案要点是今后五年办些什么新的工厂,以便在七八月间向苏联提出需供设备的清单。[①] 这说明,在此之前,中央已同苏联商定,中方将于七八月份派人去苏联谈判援助问题。随即,中央书记处于7月12日、14日、17日连续召开了三次会议。[②] 目前虽然没有关于这几次会议内容的材料,但可以判断,正是在这几次会上,中国共产党的决策者认真研究了中国工业化建设的方针问题,最终敲定以建设重工业为五年计划的中心环节;同时,决定由周恩来、陈云、李富春等人组成中国政府代表团前往苏联,就"一五"计划中需要苏联援助的141个工业项目问题进行商谈。因为,7月26日,也就是那三次中央书记处会议之后,毛泽东致电斯大林,告之中国政府代表团赴苏商谈的问题,包括请求苏联政府帮助中国进行地质勘测,工业设计和装备、器材订货,以及开展技术援助等,对中国国防建设、军事装备、兵工生产、通信设备及朝鲜作战的军火补充等项给予帮助,以及对五年计划建设中对苏贸易

---

① 《陈云年谱(1905－1995)》(中),中央文献出版社,2000,第145页。
② 《陈云年谱(1905－1995)》(中),中央文献出版社,2000,第145页。

订货的差额给以贷款援助等。① 此后不久,中财委在颁发的《关于编制五年计划轮廓的方针》以及《中国经济状况和五年建设的任务及附表》中也写明,五年计划的基本任务是为国家工业化打下基础,建设方针是工业建设以重工业为主、轻工业为辅。接着,周恩来一行于 8 月 15 日启程赴苏。

3. 优先发展重工业得到苏联政府给予全面援助的承诺

对于中国政府代表团的访问,中苏双方都十分重视。中国代表团除周恩来为首席代表,陈云、李富春、张闻天、粟裕等为代表外,还有一大批由各方面高级干部担任的顾问和随员。苏联方面负责与中方商谈的代表团,也是由莫洛托夫、布尔加宁、米高扬、维辛斯基、库米金等当时最高级别的领导人组成。中国代表团 17 日抵达莫斯科,20 日便与斯大林进行了三个小时的谈话。中方提出需要苏联援助 141 个建设项目(1955 年"一五"计划公布时增至 156 个)。斯大林明确表示,苏联愿意在工业资源勘察、设计、工业设备制造、技术资料提供及派人来苏留学和实习等方面,援助

---

① 《毛泽东年谱(1949－1976)》第 1 卷,中央文献出版社,2013,第 577 页。

中国的五年计划。① 在看过中方的《三年来中国主要情况及今后五年建设方针报告提纲》《中国经济状况和五年建设的任务及附表》等文件后,斯大林又于9月3日与中国政府代表团进行了第二次会谈。从披露的材料看,斯大林的答复有三个要点:一是中国三年经济恢复工作给了他们很好的印象,但五年计划规定工业总产值年递增20%是勉强的,应降为15%或14%,以便留有后备力量;二是计划中不应把民用工业和军事工业分开,而应放在一起计算,以便掌握全盘情况和进行调度;三是再次表示,对"一五"计划所需的设备、贷款、专家一定给予援助,但具体给什么不给什么,还需要经过工作人员用两个月时间加以计算后才能说。② 斯大林的这个态度,表明中国以重工业为重点的

① 《周恩来年谱(1949-1976)》(上),中央文献出版社,1997,第256页;《陈云年谱(1905-1995)》(中),中央文献出版社,2000,第147页;《李富春传》,中央文献出版社,2001,第424~425页。
② 《周恩来年谱(1949-1976)》(上),中央文献出版社,1997,第257页;《陈云年谱(1905-1995)》(中),中央文献出版社,2000,第148页;薄一波:《若干重大决策与事件的回顾》(上),中共中央党校出版社,1991,第286页;《李富春传》,中央文献出版社,2001,第425~426页。

"一五"计划得到了苏联方面予以全面援助的明确保证。于是,中方决定周恩来、陈云、粟裕等先行回国向中央汇报,留下李富春和代表团其他成员,继续就具体问题与苏方洽谈。

周恩来、陈云、粟裕等于 9 月 22 日离开莫斯科,行前,周恩来在机场发表谈话,宣布中国政府代表团此行业已圆满地完成了有关两国重要政治问题与经济问题的商谈。他们于 24 日晚 6 点抵达北京,当晚便参加了毛泽东召集的中央书记处会议,向中央汇报同斯大林会谈的情况。据薄一波回忆,那次会议主要讨论的是"一五"计划的方针任务,毛泽东在那次会上第一次提出:"我们现在就要开始用 10 年到 15 年的时间基本上完成到社会主义的过渡,而不是 10 年或者以后才开始过渡。"这个话给了他极深的印象,中央其他领导同志对此都没有提出异议。① 由中央文献研究室编辑出版的《毛泽东传》进一步印证了薄一波的回忆,书中说:"根据现存的文献记

① 薄一波:《若干重大决策与事件的回顾》(上),中共中央党校出版社,1991,第213~214页。

载,新中国成立后毛泽东最早提出向社会主义过渡的问题,是在 1952 年 9 月 24 日中共中央书记处会议上。"书中还说:"这是一次十分重要的会议。毛泽东这个讲话表明,他关于由新民主主义向社会主义转变的步骤、方法,同原来的设想,发生了变化。"①

为什么在讨论"一五"计划方针的会上,而且是在听取周恩来、陈云汇报访苏情况之后,毛泽东会提出提前向社会主义过渡这个问题呢?这难道是偶然的巧合吗?绝对不是。我认为,这一事实恰恰反映了选择优先发展重工业的战略、苏联答应对"一五"计划建设进行援助、提前向社会主义过渡这三件事情之间的内在联系。仅仅从那次中央书记处会议的安排就可以看出,这三件事是紧密联系在一起的。史料已经告诉我们,那次会议的中心议题是讨论和确定"一五"计划的方针、任务,也就是要不要把优先发展重工业作为工业化的战略。而会议的时间恰恰安排在周恩来、陈云从苏联回国的那天晚上,并安排先听取他们与苏方

---

① 《毛泽东传(1949－1976)》(上),中央文献出版社,2003,第 236、237 页。

会谈的结果,这说明,苏联是否答应全面援助"一五"计划建设,决定着我们是否能把优先发展重工业作为"一五"计划的中心和重点。毛泽东在得知苏联已答应全面援助"一五"计划建设后表示,要提前向社会主义过渡,这说明,是否需要提前过渡,取决于苏联是否答应援助和"一五"计划是否优先发展重工业。

关于优先发展重工业需要在经济中加大社会主义比重、巩固国营经济领导的意见,早在1952年7月中财委提交的"一五"计划轮廓草案中就已经提出来了。草案在明确五年计划的基本任务是为国家工业化打基础的同时指出,要"保证我国经济向社会主义前进"[①]。同年8月,中财委为赴苏商谈援助而制定的《中国经济状况和五年建设的任务及附表》,在讲到"五年建设的中心环节是重工业"时,也指出我们要"扩大人民经济中的社会主义经济比重,保证长期建设在计划经济轨道上前进,进一步巩固国营经济的领导"[②]。这说明,扩大和加强社会主义成分在经济中

① 《李富春传》,中央文献出版社,2001,第422页。
② 《周恩来年谱(1949－1976)》(上),中央文献出版社,1997,第255页。

的比重,是优先发展重工业的内在要求;也说明毛泽东在1952年9月24日提出现在就向社会主义过渡,并非纯粹的个人主张,更非突发奇想,而是他对党内决策层较长时间酝酿的集中与概括。正因为如此,当他讲出这个意见时,其他中央领导同志才会"没有异议"。

斯大林在中国还没有一个向社会主义过渡时间表的情况下,答应对中国的工业化建设进行全面援助,这与中国出兵抗美援朝有着直接关系。从史料可以看出,斯大林过去很长时间内对中国共产党一直持不大信任的态度,怀疑中共类似于铁托领导的那种民族主义政党。但抗美援朝使斯大林改变了看法。这是因为,朝鲜战争初期,朝鲜部队打得很顺利,但他们没想到,美军会很快出兵干预,并迅速越过三八线向北推进。这时,斯大林既不想看到朝鲜被美军占领,威胁远东地区安全,又不想直接与美国对抗,引起第三次世界大战,所以求助于中国。而毛泽东在中国刚刚结束长期战争、准备进行和平建设的情况下,不仅同意出兵,而且是在苏联没有来得及提供空中掩护的情况下出兵,并用很短时间就把美军打回到三八线以南。为此,中国付出了极大的代价,包括牺牲了十几万年轻士兵的生命。这使斯大林认定中共是国际主义的党,同时深感亏欠了中共很大一笔人情。毛泽东之所以在得到苏联全面援助我"一五"计划建设的承诺后,立即表示从现在起就向社会主义过渡,而不是过去考虑的过几十年再过渡,既因为新民主主义的政策难以适应优先发展重工业的战略,也含有让斯大林和苏联共产党进一步放心的成分。毛泽东在那次会后,即派刘少奇利用参加苏共十九大的机会,就中国用 15 年时间逐步实现工业国有化和农业集体化的具体步骤问题征求斯大林的意见,可以说是上述判断的一个佐证。斯大林在看过刘少奇就此问题写的信后,果然对中共的设想作了肯定的评价。[①] 此后,毛泽东便开始就提前向社会主义过渡一事,在党内逐渐扩大吹风范围,并最终在 1953 年 6 月 15 日的中央政治局会议上,把优先发展重工业与对农业、手工业、资本主义工商业进行社会主义改造结合在一起,作为过渡时期的总路线确定下来。8 月,这个总路线被载入党

[①] 《毛泽东传(1949 – 1976)》(上),中央文献出版社,2003,第 244、255 页。

内文件下发;9月,被列入政协全国委员会庆祝新中国成立四周年口号,正式对外公布。这个过程充分说明,提前向社会主义过渡,是和优先发展重工业战略连在一起的。

综上所述,作出优先发展重工业的战略抉择,主观上主要是为了加快中国工业化的发展速度,客观上主要因为从苏联获得了全面援助中国优先发展重工业的承诺。决定提前向社会主义过渡,一方面是为了适应优先发展重工业战略的需要,另一方面是为了回应苏联对中国优先发展重工业的援助。可以肯定地说,当初如果没有苏联的全面援助,中国不可能选择优先发展重工业的工业化战略,也就不可能决定提前向社会主义过渡,而只能按照既定方针,继续搞一段时间的新民主主义。

(二)确定优先发展重工业的工业化战略是由新民主主义提前向社会主义过渡的根本原因

优先发展重工业需要有大量的资金投入,而在当时,中国的工业基础比苏联实施第一个五年计划时要薄弱得多,同时资金也比它少得多。前面讲到,近代中国仅向列强赔款一项就累计约 19 亿两白银,相当于今天的 1000 亿元人民币。如果算上物价上涨的因素,这 1000 亿元起码相当于

20世纪50年代的1万亿元。"一五"计划基本建设投资是400多亿元,可见过去的赔款对于我国意味着什么。因此,要优先发展重工业,对我国来说更需要在经济体制上实行高度集中的计划经济,以便把有限的资金和其他各种资源集中用于重工业建设;更需要轻工业企业降低成本,以便提高效率,多缴利税;更需要农业较大幅度地增加产量,以便向国家提供更多的商品粮和可供出口换汇的农副产品。但那时,轻工业主要集中在私营企业,其中大部分虽然已经纳入了加工、订货、统购、包销,以及公私合营等国家资本主义的轨道,但生产资料仍然属于资本家个人,要提高生产效率、节约原材料,难免要将老旧企业进行合并重组,这势必触及生产资料的资本家所有制;私营企业的利润虽然已经采取了"四马分肥"的办法,但仍然有20%要落入资本家个人的腰包,要进一步把资金集中用于工业化建设,也势必触及生产资料的资本家所有制。这些显然与新民主主义的政策是不相容的。另外,广大个体农民经过土改,生产积极性有了极大提高,但小农经济的生产力毕竟有限,并且缺少抵御自然灾害的能力,因此产量无法获得大幅度的增长,难以满足实行优先发展重工业战略之后,城市对商品粮大幅度提高的需求。怎样才能改变这种状况呢？根据当时农业生产条件的限制和人们实践的结果，最实际最有效的办法是把个体农民组织起来，将私人手中的土地、牲畜、大型农具等生产资料集体化，兴办合作社。这样做，还可以防止土改后农村出现新的两极分化，与社会主义的方向相一致。而这与新民主主义的政策显然也是不相容的。总之，要优先发展重工业，要搞快速工业化，在当时的条件下，只能对资本家所有制实行国有化，对个体农民所有制实行集体化。而这样做，显然都超出了新民主主义的经济范畴，是在向社会主义过渡了。

优先发展重工业除了需要有大量的资金投入，还需要具备对工业资源的勘察、对工业设备的设计和制造、对工业技术的了解和掌握等能力。这些，当时中国不具备，只能通过苏联的援助予以解决。而苏联的援助不是对个别项目的援助，而是全面援助，涉及经济、科技、国防、教育等多个领域。因此，要使援助顺利进行，双方在经济制度乃至工作方法、工作程序上都需要有所衔接，用今天的话说，叫作"接轨"。比如，苏联的工业企业是国营的，贸易企业也是国营的，如果中方对接的是私营工商业，在价格计算上会发生许多实际困难。再比如，苏联实行的是高度集中的计划经济体制，何时交货，何时进行设备安装，何时试运行，都要按照计划来做。如果中方没有计划，或者执行计划不严格，合作也会很困难。而要严格执行计划，企业就必须国有化。这些在客观上对中国生产资料所有制向社会主义的过渡，同样起到了促进作用。

对于为什么优先发展重工业必须对农业、手工业和资本主义工商业进行社会主义改造的问题，毛泽东在关于过渡时期总路线中的工业化和三大改造是"一体两翼"的比喻中已经作了回答，在1953年12月由中宣部起草并由毛泽东本人审阅修改的《关于党在过渡时期总路线的学习和宣传提纲》（以下简称《提纲》）中，回答得更为详细。对农业进行社会主义改造的必要性，《提纲》说："我国的粮食产量一九五二年比一九四九年虽已增加百分之四十五，但按全国人口平均，每人每年只有五百多市斤的粮食，而同年（疑为'期'，原误——引者注）苏联平均每人每年却有一千三百多市斤。小农经济对天灾无力抵抗；目前我国每年仍然有两千万到四千万的农民受到轻重不同的自然灾害。……许多地区农村中一般还有百分之十左右的缺粮户需要帮助。这种建立在劳动农民的生产资料私有制上面的小农经济,限制着农业生产力的发展,不能满足人民和工业化事业对粮食和原料作物日益增长的需要,它的小商品生产的分散性和国家有计划的经济建设不相适应,因而这种小农经济和社会主义工业化事业之间的矛盾,已随着工业化的进展而日益显露出来。"

对资本主义工商业进行社会主义改造的必要性,《提纲》说:"这是因为资本主义所有制和社会主义所有制之间的矛盾,资本主义所有制和资本主义的生产社会性之间的矛盾,资本主义生产的无政府状态和国家有计划的经济建设之间之矛盾,资本主义企业内的工人和资本家之间的矛盾,都是不可克服的。由于上述的矛盾,这些企业的设备利用率和劳动生产率低,成本高,资金很多浪费,扩大再生产的能力很小或甚至没有,因而影响到工业产品在市场上供不应求,影响到国家计划受到破坏。如果不改变这种情况,这个广大部分的社会生产力就不可能获得充分的合理的发展以适应国计民生的需要,我国的社会主义工业化就不能全部实现。"

当年的这份《提纲》说明,尽管那时人们对于什么是社会主义和怎样建设社会主义的认识水平,与今天相比存在很大差距,但是,提前向社会主义过渡的根本出发点,在于使国内生产关系和经济体制尽快适应优先发展重工业战略的需要,以抓住朝鲜战局缓和和苏联答应援助中国"一五"计划建设的有利时机,加快工业化建设速度,则是十分明确的。这份《提纲》说道:"资本主义国家从发展轻工业开始,一般是花了五十年到一百年的时间才能实现工业化,而苏联采用了社会主义工业化的方针,从重工业建设开始,在十多年中(从一九二一年开始到一九三二年第一个五年计划完成)就实现了国家的工业化。苏联过去所走的道路正是我们今天要学习的榜样。苏联因为采取了社会主义工业化的方针,从建立重工业开始,所以在一九四一年到一九四五年的卫国战争中,能够击败德日法西斯主义的侵略,成为世界上第一个强大的社会主义国家。苏联因为建立了重工业,就有了机器制造工业,有了汽车、飞机、拖拉机等工业,就有了现代国防工业,就能使交通运输业、轻工业获得不断的有力的发展,就能使农业获得各种新式机器和化学肥料,迅速地实现农业的集体化。我国实现国家的社会主义工业化,正是依据苏联的经验从建立重工业开始。"①这段话一方面表明，中国共产党当年把工业化分为资本主义的和社会主义的，在认识上存在简单化和片面性的问题；但另一方面也表明，中国共产党当年之所以要提前向社会主义过渡，的的确确是想学习苏联的办法优先发展重工业，通过优先发展重工业实现快速工业化。

（三）提前向社会主义过渡又被提前完成的根本原因在于优先发展重工业带来的形势压力

如果说选择优先发展重工业的战略是中国共产党决定向社会主义提前过渡的根本原因的话，那么，也正是这一选择从根本上促使这一过渡提前完成。

毛泽东最早提出过渡时期总路线时，把基本完成工业化和"三大改造"的时间确定为 10 年到 15 年或者更长一些时间。以后，他在 1953 年 9 月的全国政协常委会第 49 次扩大会上又说，"整个过渡时期不是三年五年，而是

---

① 以上引文均见《为动员一切力量把我国建设成为一个伟大的社会主义国家而斗争——关于党在过渡时期总路线的学习和宣传提纲》，《建国以来重要文献选编》第 4 册，中央文献出版社，1993，第 693 ~ 734 页。

几个五年计划的时间"。① 同年底,他在审阅修改中宣部的学习宣传提纲时,又把过渡时间改为"在一个相当长的时期内"②。不难看出,毛泽东之所以作这些改动,目的在于尽可能把时间设置得宽裕一些,做到留有余地。但由于缺乏经验,当时对什么叫基本完成国家工业化和社会主义改造以及需要多少时间,很大程度上参考的都是苏联的标准。

那时,苏联对工业化的标准,规定的是工业产值在工农业总产值中占 70% 以上。从 1926 年开始工业化建设算起,它达到这一标准用了 8 年。对完成社会主义改造的标准,当时苏联规定的是资本主义在国民经济各部门中被完全消灭。从 1924 年开始社会主义改造算起,它做到这一点用了 13 年。中国参考苏联经验,在 20 世纪 50年代也为自己制定了一个实现社会主义工业化的标准,即在数量上,工业产值占工农业总产值的 60% 左右;在质量上,要有独立的工业体系和农业协调发展。③ 如果按照

---

① 《毛泽东传(1949 – 1976)》(上),中央文献出版社,2003,第 264 页。
② 《毛泽东传(1949 – 1976)》(上),中央文献出版社,2003,第 266 页。
③ 《中华人民共和国国民经济和社会发展计划大事辑要(1949 – 1985)》,红旗出版社,1987,第 54 页。

这个标准的数量要求,我国早在1957年工业产值就已占工农业总产值的56.7%,已经十分接近了。如果按照这个标准的质量要求,"一五"计划末期,我国也为建立独立完整的工业体系奠定了初步基础,并且在1980年正式宣布中国已建成了独立完整的工业体系。但是,我国后来放弃了这个标准,而且直到今天仍然表示,要争取在2020年基本实现工业化。然而,中国对农业、手工业和资本主义工商业社会主义改造的完成,却是实实在在的,从提出过渡时期总路线算起,只用了3年时间,即使加上国民经济恢复时期,也不到7年。这不仅大大快于总路线规定的时间,也快于苏联完成社会主义改造的时间。为什么会出现这种结果呢?从主观上看,主要是缺乏经验和急躁情绪起了作用;从客观上看,根本原因仍然在于优先发展重工业所造成的形势压力。

前面讲到,国家为保证大规模工业化建设选择了计划经济体制。这种体制需要由国家统一调配资金、物资、科技力量,势必与生产资料的私人所有制发生矛盾。尤其是在"一五"计划实施后,大规模工业化建设引发城市商品粮、食用油和轻纺工业的原料棉花等农产品供应的紧张,迫使国家不得不对粮、棉、油实行计划收购和计划销售(统购统销);同时,对于一些重要的工业原料,如钢材、生铁、煤炭、木材等,也开始实行计划供应。这样一来,私营商业,主要是批发商,就没有了货源;私营工业,主要是轻纺企业,获取原材料就发生了困难。于是,公私合营步伐的加快,成了不以人们意志为转移的趋势。

另外,当时没有参与公私合营的私人企业大多是中小型企业,设备技术都很落后,国家分配任务给它,它无法承担;硬要塞给它,做出的东西也不合乎要求。在这种情况下,如果只对较大的私营企业进行个别合营,就会使中小企业更加困难;要解决中小企业的困难,就必须打破企业的私人所有制,以便在行业内部进行改组,该合并的合并,该淘汰的淘汰,用今天的话说,就是实行企业的优化组合。于是,全行业公私合营应运而生,而这进一步加快了公私合营的速度。1955年,陈云在中央关于资本主义工商业改造问题的会议上说:实行全行业的公私合营,"并不是哪个人空想出来的,是经济发展的结果。现在既然按整个行业来安排生产、实行改组,那末,整个行业的公私合营也就是不可避免的。如果不实行全行业的合营,就无法安排生产,也无法进行改组"。①

还有一个情况,就是在对不法资本家进行"五反"斗争后,许多私营工厂落入了"工人不服管,职员不敢管,资本家消极,原有的代理人纷纷辞职甚至逃走,继起无人,开支日增,浪费严重,生产潜力难以发挥"的窘境。② 这种情况也促使工人强烈要求尽快合营,以改善待遇;资本家希望尽快合营,以摆脱困境。

今天,人们对于社会主义改造过快出现的弊病以及如何做才会避免这些弊病,有了更加清醒的认识。但无论怎样,都否认不了这样一个基本事实,那就是当年在贯彻过渡时期总路线时,对农业、手工业和资本主义工商业的社会主义改造之所以提前完成,根本上是为了适应实行优先发展重工业战略而给农业和轻工业造成的巨大压力。

(四)由新民主主义向社会主义提前过渡为中华民族的跨越式发展抓住了一次难得的历史机遇

既然决定由新民主主义向社会主义提前过渡以及使

---

① 《陈云文选》第 2 卷,人民出版社,1995,第 286 页。
② 李维汉:《统一战线问题与民族问题》,人民出版社,1981,第 56 ~ 57 页。

这一过渡提前完成，根本原因都与中国共产党所作出的优先发展重工业的战略抉择有关，那么，评价向社会主义提前过渡的历史功过，在很大程度上就取决于对优先发展重工业战略的评价。

改革开放后，特别是在 20 世纪 90 年代，学术界中曾出现一种议论，认为优先发展重工业战略是落后国家的"赶超战略"，它扭曲了这些国家的产业结构，代价高昂，绩效低下，因此是错误的。这种看法有一点说得不错，就是优先发展重工业的战略具有"赶超"先进工业国的性质，实施这一战略的国家确实在不同时期不同程度上影响了产业结构的合理性。但是，讨论任何历史问题，首先必须把它放到一定的历史条件下。所谓重工业发展"优先"还是"不优先"，是从国家建设投资的重点来讲的。在当时的历史条件下，中国要进行工业化建设，如果没有先进工业国的帮助，当然不可能优先发展重工业，只有等资金积累到足够多时，再向重工业倾斜。但是，当先进工业国，具体说就是苏联，表示愿意帮助中国优先发展重工业时，中国为什么不应该、不可以抓住这个机遇，加快发展自己呢？当初苏联答应帮助中国，只是同意提供技术、设备、专家和一部分低息贷款,而设备是要付钱的,贷款也并不多,只占"一五"计划工业基本建设投资的3%多一点。因此,优先发展重工业又决定了我们必须把国内有限的资金集中起来,最大限度地用于工业基本建设的投资。那时实行计划经济体制和工业国有化、农业集体化,都与此有关。

客观公正地讲,像苏联对中国工业化建设这样,从地质勘测到图纸设计到设备制造,从企业管理到经济顾问到人才培养全面进行援助的,世界上过去没有先例,以后恐怕也很难再有。只要回顾一下1960年苏联单方面撕毁双方经济技术合同、撤退全部专家的历史,就会清楚,这种机遇确实是千载难逢、稍纵即逝的。所以,我认为毛泽东当年决定提前向社会主义过渡,是为中华民族抓住的一次难得的发展机遇。

这里还有一点需要说明,就是毛泽东关于从现时起立即向社会主义过渡,然后用十几年时间完成过渡的提议,与刘少奇在新中国成立后提出的先用十几年搞新民主主义,然后用"一个早晨"突然进入社会主义的想法,只是在过渡的步骤方法上有所区别,在本质上并没有区别。

因为这两种设想，都是要用十几年时间完成新民主主义向社会主义的过渡。如果不是发生朝鲜战争，不是确定优先发展重工业的战略，不是苏联答应全面援助我国以重工业建设为重点的"一五"计划建设，毛泽东也不可能提出提前过渡的主张，而会继续按照原定方针安排过渡的时间。

对于优先发展重工业战略的局限性，以及在实施这一战略时出现的一些片面性，中国共产党的决策者当时也曾有所觉察，而且比较早地试图纠正过。比如，毛泽东在1956年《论十大关系》的讲话中提出要吸取苏联和一些东欧国家片面注重重工业、忽视农业和轻工业的教训，在重工业为主的前提下，加重对农业、轻工业的投资；在1957年《关于正确处理人民内部矛盾的问题》一文中，又提出工业和农业同时并举的方针；在1959年进一步提出要按照农、轻、重的次序来安排国民经济的思想，并指出："这样提还是优先发展生产资料，并不违反马克思主义。"[①]遗憾的是，尽管有了这些正确认识，但出于种种原

---

① 《毛泽东文集》第8卷，人民出版社，1999，第78页。

因,在实际工作中并未能很好贯彻这些想法,相反一再要求加快工业建设速度,以至于一度造成农、轻、重等国民经济重大比例关系严重失调,给国家造成了很大损失。可是,我们更应当看到,如果不是当年优先发展重工业,中国是不可能那么快地建立起独立完整的工业体系的;而没有独立完整的工业体系作为基础,改革开放后也是不可能出现如此神奇的经济成就的。另外,我们还应当看到,优先发展重工业的战略虽然早已不再提了,但是,今天重工业在工业中、工业在三次产业中的投资比重和发展速度,仍然是处于领先地位的。后人对前人的不足与失误,可以批评,也应当批评,但这种批评必须实事求是,有一说一,有二说二,而不应当脱离当时特定的历史条件,更不应当以偏概全。

对于优先发展重工业要付出的代价,中国共产党老一代领导人从一开始就是十分清楚的,也是向人民作了公开交代的。例如,周恩来早在 1954 年第一届全国人民代表大会上就讲过:"重工业需要的资金比较多,建设时间比较长,赢利比较慢,产品大部分不能直接供给人民的消费,因此在国家集中力量发展重工业的期间,虽然轻工业和农业也将有相应的发展，人民还是不能不暂时忍受生活上的某些困难和不便。但是我们究竟是忍受某些暂时的困难和不便，换取长远的繁荣幸福好呢，还是贪图眼前的小利，结果永远不能摆脱落后和贫困好呢？我们相信，大家一定会认为第一个主意好，第二个主意不好。"①当人们今天享受当年全国人民在中国共产党领导下节衣缩食、艰苦奋斗换取的繁荣和幸福时，面对老一辈革命家的宽广胸怀和我们的前辈做出的牺牲，评价优先发展重工业战略的优劣得失，难道不应当更客观、更公正一些吗？历史是不允许假设的，但我们仍然不妨假设一下，如果当年不是优先发展重工业，而是像新民主主义革命胜利之前和新中国成立之初所设想的那样，先用十几年或者更长一些时间，慢慢发展轻工业，等到资金积累到一定程度时再着重发展重工业，那会是一种什么结果呢？可以肯定，那时的人绝不会吃那么多苦，受那么多累；但同样可以肯定的是，今天的发展也绝不会建立在这么坚实的工业基础之上，国家的国防力量和人民生活也绝不会

---

① 《周恩来选集》(下)，人民出版社，1984，第133~134页。

变得像现在这样强大和富裕。

　　有人说,现在搞中国特色社会主义,实际上就是回归新民主主义。我认为,有些方面确实是回归了。比如,生产资料所有制确实回到了新民主主义时期的那种结构。但有些方面并没有回归。最明确的例子就是土地所有制。这实际上也是一种生产资料,而且是重要的生产资料。在新民主主义时期,土地是允许私有的,比如,城市里的私人房产是要有土地所有证的;在农村,初级社是凭土地入股,就是说,土地所有权仍然是个人的。但在发展中国特色社会主义的今天,土地所有制仍然维持了社会主义革命后的状态,即城市里一律归国有,农村里一律归集体所有。农民承包土地也好,流转土地也好,承包、流转的都是承租权,而不是所有权。

　　优先发展重工业作为一个历史问题,在苏联也存在评价上的分歧。20世纪80年代后期,在"新思维"的诱发下,苏联史学界曾掀起一场重评苏联历史的运动,其中对于斯大林时期的工业化建设,多数人认为人为强调重工业发展速度,迫使农业、轻工业发展付出代价,阻碍了社会现代化进程。但是,经过苏联解体后的实践检验,俄罗斯史学界的多数人和代表政府的主流观点都发生了变化。经俄罗斯教育部审定、由阿·舍斯塔科夫等人编著的2002年版历史教科书《20世纪祖国史》上说:"(20世纪)30年代,国家面临新的战争威胁。……要取得战争胜利必须有强大的工业,这对国家是生与死的问题。"而苏联没有殖民地,没有外资,工业落后……又不可能走传统的从轻工业开始的较为缓慢的工业化道路。所以实行"集中的计划管理、缩小市场的作用",对农业"超经济强制"获取资金,使人民"勒紧裤腰带",等等,都是"迫不得已"的。该书还认为:"农业集体化是保证加速实现工业化最重要的条件。"①

中共中央于1981年作出的《关于建国以来党的若干历史问题的决议》,对于1952年提出的过渡时期总路线、"一五"计划、"一化三改"工作,都有过结论性的评价。对于过渡时期总路线,《决议》指出:它"反映了历史的必然性",历史证明"是完全正确的"。对于国家工业化和"一

---

① 转引自吴恩远《"还历史公正"——俄罗斯对全盘否定苏联历史的反思》,《高校理论战线》2004年第8期。

五"计划,《决议》指出:"国家的社会主义工业化,是国家独立和富强的当然要求和必要条件。""一五"计划建设"取得了重大的成就。一批为国家工业化所必需而过去又非常薄弱的基础工业建立了起来。从一九五三年到一九五六年,全国工业总产值平均每年递增百分之十九点六,农业总产值平均每年递增百分之四点八。经济发展比较快,经济效果比较好,重要经济部门之间的比例比较协调。市场繁荣,物价稳定。人民生活显著改善"。对于"三大改造",《决议》指出:"在过渡时期中,我们党创造性地开辟了一条适合中国特点的社会主义改造的道路。""在改造过程中,国家资本主义经济和合作经济表现了明显的优越性。"《决议》同时指出:"这项工作中也有缺点和偏差。在一九五五年夏季以后,农业合作化以及对手工业和个体商业的改造要求过急,工作过粗,改变过快,形式也过于简单划一,以致在长期间遗留了一些问题。一九五六年资本主义工商业改造基本完成以后,对于一部分原工商业者的使用和处理也不很适当。但整个来说,在一个几亿人口的大国中比较顺利地实现了如此复杂、困难和深刻的社会变革,促进了工农业和整个国民经济的发展,这的确是伟大的历史性胜利。"①从《决议》制定到今天已过去了30多年,30多年来国内国外的实践从正反两个方面都证明,《决议》的上述评价是完全正确的,是经得起历史检验的。

---

① 《三中全会以来重要文献选编》(下),人民出版社,1982,第799～801页。

二　中国特色社会主义道路开辟前后两个历史时期的关系

如果给迄今为止的当代中国史分期,最重要的一个分界线就是中共十一届三中全会。以那次会议为界,当代中国史可以分为改革开放前和改革开放后两个历史时期,或者说是中国特色社会主义道路开辟前后两个历史时期。如何看待这两个历史时期的关系,关系到能否正确认识当代中国和当代中国史,也与能否正确认识中国特色社会主义的道路高度相关。大量事实表明,凡是怀疑和反对改革开放的,必然会用改革开放前的历史时期否定改革开放后的历史时期;凡是怀疑和否定四项基本原则的,往往会用改革开放后的历史否定改革开放前的历史;凡是把中国特色社会主义看成"新民主主义的回归"和"民主社会主义"、"社会民主主义",或者看成"资本社会主义"的,往往会把两个历史时期加以割裂和对立。同样,凡是把这两个历史时期加以割裂、对立、相互否定的,也必然会反对或曲解中国特色社会主义道路。

即使在能够正确认识中国特色社会主义的人中,仍然有许多人对如何认识这两个历史时期的关系感到拿不准,不敢理直气壮地说它们之间具有本质的一致性,担心这样说会贬低改革开放。可见,如何认识这个问题既是一个当代中国史研究领域的问题,也是一个现实性十分强烈的问题。

党的十八大仅仅召开一个多月后,习近平总书记就在 2013 年 1 月 5 日中央举办的十八大精神研讨班的讲话中,旗帜鲜明地指出:改革开放前后两个历史时期,"是两个相互联系又有重大区别的时期,但本质上都是我们党领导人民进行社会主义建设的实践探索……两者决不是彼此割裂的,更不是根本对立的。不能用改革开放后的历史时期否定改革开放前的历史时期,也不能用改革开放前的历史时期否定改革开放后的历史时期"。① 这段话清楚无误地表明了中共中央对改革开放前后两个历史时期关系的看法,有力回击了把二者割裂和对立起来的各

---

① 《十八大以来重要文献选编》(上),中央文献出版社,2014,第 111 ~ 112 页。

种错误言论,也解除了许多人心中有关这个问题的疑虑,是我们正确认识国史的重要指针。

从习近平总书记以上论述中,我们可以看到支撑他论断的三个主要论点。第一,改革开放后的社会主义实践探索是对改革开放前的社会主义实践探索的坚持、改革、发展。他指出:改革开放后与改革开放前相比,"在进行社会主义建设的思想指导、方针政策、实际工作上有很大差别","如果没有一九七八年我们党果断决定实行改革开放,并坚定不移推进改革开放,坚定不移把握改革开放的正确方向,社会主义中国就不可能有今天这样的大好局面,就可能面临严重危机,就可能遇到像苏联、东欧国家那样的亡党亡国危机"。但也要看到,改革开放前"我们党在社会主义建设实践中提出了许多正确主张,当时没有真正落实,改革开放后得到了真正贯彻,将来也还是要坚持和发展的"。第二,改革开放前的社会主义实践探索为改革开放后的社会主义实践探索积累了条件。他指出:"中国特色社会主义是在改革开放历史新时期开创的,但也是在新中国已经建立起社会主义基本制度并进行了二十多年建设的基础上开创的。""如果没有一九四九年建立新中国并进行社会主义革命和建设,积累了重要的思想、物质、制度条件,积累了正反两方面经验,改革开放也很难顺利推进。"第三,对改革开放前的社会主义实践探索的失误要采取正确态度,进行科学分析。他指出:"要坚持实事求是的思想路线,分清主流和支流,坚持真理,修正错误,发扬经验,吸取教训"。①

(一)改革开放后与改革开放前既有重大区别又有本质上的一致性

（1）从党的思想指导上看。改革开放后,中国共产党纠正了毛泽东的晚年错误,否定了"以阶级斗争为纲"这个不适合社会主义时期的错误口号,实现了工作重点向经济建设的转移,制定了社会主义初级阶段理论和党的"一个中心、两个基本点"的基本路线,形成了以邓小平理论为主体的中国特色社会主义理论体系等马克思主义中国化的新成果。但同时,科学评价了毛泽东,把毛泽东的晚年错误与毛泽东思想加以区别,确立了毛泽东的历史

---

① 以上引文均出自《十八大以来重要文献选编》(上),中央文献出版社,2014,第112页。

地位,继续把马克思主义作为党的指导思想,继续捍卫和高举毛泽东思想的伟大旗帜,并把坚持社会主义道路、坚持人民民主专政、坚持共产党领导、坚持马列主义和毛泽东思想指导这四项基本原则,当成党的基本路线中两个基本点中的一个基本点和立国之本。在谈到改革开放前后我们党的指导思想上的异同之处时,邓小平曾作过一个精辟说明,他说:有的人"忽略了中国的政策基本上是两个方面,说不变不是一个方面不变,而是两个方面不变。人们忽略的一个方面,就是坚持四项基本原则,坚持社会主义制度,坚持共产党领导。人们只是说中国的开放政策是不是变了,但从来不提社会主义制度是不是变了,这也是不变的嘛!"①

(2)从经济体制上看。改革开放后,中国打破了公有制和按劳分配一统天下的局面,改变了高度集中的计划经济体制,确立了社会主义市场经济体制;解散了农村人民公社,实行了家庭联产承包责任制;打开了对外开放的大门,并不断拓展开放的广度和深度。但同时,仍然坚持

---

① 《邓小平文选》第3卷,人民出版社,1993,第217页。

公有制和按劳分配为主体,把全民所有制和集体所有制作为社会主义经济制度的基础,把国有经济作为国民经济中的主导力量和支柱;明确社会主义市场经济是同社会主义基本制度结合在一起的,市场对资源配置的基础性作用要置于国家的宏观调控之下;坚持农村土地集体所有制的性质,既发挥农民家庭经营的积极性,又发挥集体经济的优越性;继续坚持自力更生的方针,强调走中国特色自主创新的道路,不断提高对外开放的安全性。

（3）从政治体制上看。改革开放后,中国共产党不断改进党的领导,克服权力过分集中的弊病,在推进党内民主、坚持从严治党的同时,大力加强国家的社会主义民主、法制建设,逐步落实对权力的制约、监督,尊重和保障人权。但同时,始终坚持共产党在国家事务中总揽全局、协调各方的核心领导作用,坚持政治体制改革的正确方向和党的领导、人民当家作主、依法治国的有机统一,坚持全心全意依靠工人阶级,坚持党对军队的绝对领导,反复强调不照搬西方的政治模式,不搞西方的多党制和议会民主、三权分立。

（4）从文化和社会政策上看。改革开放后,中国共产党摒弃了以往在意识形态工作中"左"的做法,解除了在文艺创作和学术研究中设置的不必要的框框和禁区,积极发展文化、教育、科学事业,深化教育改革和文化管理体制改革,促进人民精神生活和社会生活的多样化,健全基层社会管理体制,推动社会组织建设。但同时,仍然坚持马克思主义在意识形态领域的指导地位,要求共产党员坚定共产主义远大理想的信仰,引导全体人民树立中国特色社会主义共同理想,把社会主义核心价值体系融入国民教育和精神文明建设的全过程,弘扬爱国主义、集体主义、社会主义思想,抵制各种错误思潮和资产阶级、封建阶级腐朽思想的影响;坚持社会主义先进文化的前进方向,全面贯彻培养德智体美全面发展的社会主义建设者和接班人的教育方针;健全党和政府主导的维护群众权益的机制,高度警惕和坚决防范国内外敌对势力各种分裂、渗透、颠覆活动,切实维护国家意识形态安全。

(5)从外交方针上看。改革开放后,随着国际形势的深刻变化,我国改变了过去关于时代特征的判断,认为和平与发展是当今时代的主题、中国的前途命运同世界的前途命运日益联系在一起,主张建设持久和平、共同繁荣的和谐世界,调整同大国之间的关系,加强同发达国家的战略对话,积极参与国际事务。但同时,继续奉行新中国成立之初所制定、倡导的独立自主的和平外交政策与和平共处五项原则,加强同广大发展中国家的团结合作,反对各种形式的霸权主义和强权政治,推动国际秩序朝着更加公正合理的方向发展。

以上说明,改革开放后与改革开放前相比,中国共产党路线、方针、任务和国家经济、政治体制及文化、社会、外交政策确实存在一系列重大变化。但是,这种变化只不过是社会主义实践探索过程中的变化,党的性质、宗旨、指导原则、奋斗目标和国家的基本政治经济制度、意识形态、外交方针等,都没有变。前后两个时期仍然统一于科学社会主义的原则之下,两个时期的历史仍然是共产党领导、人民当家作主和建设社会主义的历史。看不到它们之间出现的区别和改革开放的鲜明特色,就不可能懂得中国特色社会主义道路究竟"特"在哪里,就会妨碍人们对改革开放伟大意义的认识。反过来,如果看不到改革开放新时期与改革开放前的连续性,也不可能懂得中国特色社会主义道路为什么是社会主义而不是别的什么"主义",就会妨碍人们对当代中国历史整体性的把握。

(二)改革开放前取得的成就为改革开放后的发展奠定了基础

改革开放30多年来,我国经济飞速发展,综合国力明显增强,人民生活水平大幅度提高,为世界经济发展和人类文明进步作出了重大贡献。所有这些,都是世人有目共睹的。但这一切的起点,并非1949年旧中国留下的那个满目疮痍的烂摊子,而是到1978年,新中国在经过29年艰苦奋斗后建立起来的宏伟基业。如果没有改革开放前提供的基础条件,改革开放要取得如此迅速而显著的成就是不可能的,也是不可想象的。这些基础条件我认为主要体现在以下几个方面。

(1)提供了根本政治和制度前提。新中国成立后,取得了民族独立、主权和领土完整,实现了除台、港、澳地区之外的国家统一,铲除了帝国主义、封建势力的统治根基,建立了人民民主专政的政权和人民代表大会制度、中国共产党领导的多党合作和政治协商制度、民族区域自治制度等社会主义基本政治制度,奠定了社会主义全民所有制和集体所有制的经济基础。正是这一切,使中国结束了蒙受屈辱、战乱频仍、四分五裂、民不聊生的黑暗历史,使人民大众翻身做了国家主人,使各民族实现了空前大团结,使国家走上了社会主义道路,使960万平方公里被紧密而牢固地联系在了一起。

(2)提供了基本的物质技术条件。新中国成立后,在一穷二白的基础上,仅用30年时间便建立起了独立的比较完整的工业体系和国民经济体系,很大程度上改变了旧中国工业集中于沿海地区的不合理布局;通过大规模开展农田水利基本建设和发展农药、化肥、农用机械工业及县办、社办小工业,大幅度改善了农业和农村的生产条件,提高了农作物单位面积产量;同时,大力发展科教事业,培养了各条战线、各个领域的专业技术人员队伍和后备人才。正如《关于建国以来党的若干历史问题的决议》评价改革开放前的历史贡献时所指出的:"我们现在赖以进行现代化建设的物质技术基础,很大一部分是这个期间建设起来的;全国经济文化建设等方面的骨干力量和他们的工作经验,大部分也是在这个期间培养和积累起来的。"①

---

① 《三中全会以来重要文献选编》(下),人民出版社,1982,第804页。

（3）提供了思想上的一定保证。习近平总书记在纪念毛泽东诞辰120周年座谈会上指出："毛泽东思想活的灵魂是贯穿其中的立场、观点、方法，它们有三个基本方面，这就是实事求是、群众路线、独立自主。新形势下，我们要坚持和运用好毛泽东思想活的灵魂，把我们党建设好，把中国特色社会主义伟大事业继续推向前进。"①这一论述告诉我们，毛泽东思想在改革开放中不仅仍然是我们的指导思想，而且仍然具有指导作用。改革开放的实践证明，除了实事求是、群众路线、独立自主，毛泽东思想中关于要把我国建设成社会主义现代化强国、对人类作出较大贡献，关于不要机械搬用外国经验，关于社会主义时期要严格区分、正确处理两类不同性质的矛盾，关于要调动一切积极因素、化消极因素为积极因素，关于百花齐放、百家争鸣、古为今用、洋为中用等思想，也都被中国特色社会主义思想体系所吸收，发挥了和继续发挥着指导作用。改革开放前开展的一系列政治运动存在对形势判

---

① 《十八大以来重要文献选编》（上），中央文献出版社，2014，第695页。

断过于严重、做法过于简单粗暴、打击面过宽等问题,但其中关于防止执政党脱离群众、警惕"和平演变"和腐败变质的理念,在党的建设中产生了和继续产生着重要影响。改革开放以来,中国共产党把过去政治运动中合理的部分作为优良传统加以继承和发扬,开展了连续不断的组织整顿和思想教育活动,对各级干部和党员在长期执政、实行市场经济和对外开放的条件下经受考验,起了和继续起着积极作用。

(4)提供了正反两方面的经验。改革开放前,在探索社会主义建设规律的过程中,形成了许多反映国情、符合客观的认识,积累了一系列对于今天改革开放仍然具有重要价值的宝贵经验。同时,中国共产党也犯过不少错误,积累了很多教训。其中最大的教训,就是错误发动了"文化大革命"。但正如邓小平所说:"没有'文化大革命'的教训,就不可能制定十一届三中全会以来的思想、政治、组织路线和一系列政策。……'文化大革命'变成了我们的财富。"①

---

① 《邓小平文选》第3卷,人民出版社,1993,第272页。

（5）提供了相对有利的国际环境。新中国在成立后挫败了外国侵略势力的一系列封锁、干涉、挑衅的行径，积极支持了亚非拉民族解放和独立运动，发展了同中间地带国家的友好关系，打破了帝国主义对我国的孤立；先后研制成功了"两弹一星"和核潜艇等战略武器，打破了超级大国的核垄断和核讹诈。面对霸权主义的军事威胁，毛泽东提出了关于三个世界划分的理论，实现了中美和解，进而推动了中国同日本、西欧许多国家关系的改善，并在第三世界国家的支持下恢复了在联合国的合法席位。所有这些大大增强了我国的国际地位，为和平建设争取了时间，也为后来改革开放中与西方国家关系正常化铺平了道路。

毫无疑问，改革开放前国家各项事业的发展和人民生活水平的提高远没有改革开放后那么显著，但这绝不表明那段历史对于改革开放无足轻重、可有可无。如同盖楼一样，打地基时不容易让人看出成绩，但楼房盖得快盖得高，反过来可以说明地基打得牢。

（三）改革开放前经济社会发展的速度远远快于其他发展中大国

有人说，改革开放前的 29 年，在经济与社会建设方面不仅拉大了与发达国家的差距,而且在许多方面拉大了与发展中国家的差距。事实果真如此吗?下面,让我们看看统计数据。

(1)从经济增长率和固定资产积累方面看。新中国成立时,从官僚买办资产阶级手中没收的固定资产仅有112亿元;1956年对资本主义工商业改造时,从民族资本家手中赎买的固定资产不足20亿元,二者相加是130亿元。中国人民就是靠这点家当,在内缺资金、人才、资源、经验,外有西方经济封锁的情况下,发扬自力更生、艰苦奋斗的精神(仅在初期得到苏联一些援助),通过连续五个五年计划建设,使1952~1978年的工农业总产值年均增长8.2%(如果按国内生产总值计算,有权威统计学家认为年均增长率为7.3%),工业总产值年均增长11.4%;基本建设投资6440亿元,累计新增固定资产比1949年增加了56.3倍。也就是说,1978年中国的实物财产等于56个旧中国的。

(2)从工农业产品方面看。1979年,新中国的钢产量达到3200万吨,比旧中国最高年份产量增长35倍;与英国相比,由1949年相差99倍变为反超60%;与美国相比,由 1949 年相差 438 倍变为相差 3.6 倍;与印度相比,由 1949 年相差 4 倍变为反超 1 倍。发电量达到 2566 亿千瓦时,与旧中国最高年份相比增长 43 倍;与英国相比,由 1949 年相差 13 倍变为反超 17%;与美国相比,由 1949 年相差 80 倍变为相差 9 倍。石油产量由旧中国最高年份的 32 万吨提高到 1 亿吨,做到了自给自足。粮食产量由旧中国最高年份的 1.4 亿吨提高到 3 亿吨,增长了 1 倍多。从这几个数字看,改革开放前中国与美英等发达国家及印度等发展中大国的经济发展相比,差距究竟是在缩小还是在拉大,不是很清楚吗?

(3)从交通运输方面看。1949~1978 年,铁路营运里程、公路里程、港口吞吐量分别由 2 万公里、8 万公里、1400 万吨,提高到 4.8 万公里、89 万公里和 2 亿吨。与印度相比,铁路营运里程由相差 3 万公里,变为相差 1 万公里。印度先是被英国政府主导的东印度公司经营了一个半世纪,以后又由英国直接统治了近一个世纪,印度的基础设施实际上是英国在那里建造的,所以,中印铁路差距的缩小,从一定意义上也反映了新中国经济与英国经济差距的缩小。

（4）从制造业和科技方面看。新中国通过 29 年的建设，由旧中国一辆汽车、一架飞机、一辆坦克、一辆拖拉机都不能造的局面，发展到 500 多种工业门类基本齐全，不仅造出了汽车、飞机、坦克、拖拉机，而且造出了火车、万吨轮船、数十万千瓦的发电机、万吨水压机等，成功试爆了原子弹、氢弹，发射并成功回收了人造地球卫星。所谓亚洲"四小龙"虽然在人均国民生产总值上领先于中国，但它们的工业门类都没有中国多，都没有形成独立完整的工业体系，因此经济后劲都没有中国那么大。

（5）从文教卫生方面看。1949～1978 年，小学、中学和高等院校在校学生分别增长了 6 倍、62 倍、7 倍，科技人员增长了 10 倍。29 年里，高等院校毕业生累计超过中华民国 38 年累计数的 14 倍，专业科技人员累计超过1949 年的 13 倍。另外，在这 29 年里，婴儿死亡率下降了90%（从 200‰下降到 20‰），天花、鼠疫、霍乱、黑热病、回归热、斑疹伤寒、性病等恶性传染病被消灭或基本消灭，人口总数由 5.4 亿增长到 10.2 亿，人均预期寿命由35 岁提高到 67 岁。一些人攻击新中国的头 29 年不仅拉大了与发展中国家的差距，而且不如旧中国，但他们无法解释,既然如此,为什么中国人的平均预期寿命在那29年里会增加近一倍。

从以上几个方面的数字无不可以看出,我国改革开放前的29年在经济社会建设上与旧中国相比,确实有翻天覆地的变化;与其他发展中国家相比,速度大大快于它们;即使与发达国家相比,许多方面的差距也明显缩小。那种认为改革开放前我国无论与发达国家比还是与发展中国家比差距都扩大了的说法,是缺乏事实依据的。

(四)应当正确理解"不走封闭僵化的老路"

中共十七大、十八大报告中都有这样两句话,叫作既不走改旗易帜的邪路,也不走封闭僵化的老路。有人认为,第二句话中说的"老路",指的是改革开放前走的路。这种理解我认为是不对的,起码是不全面的。事实是,新中国成立后,以美国为首的资本主义国家在很长时间里对我国实行封锁、禁运。在那种情况下,我国一方面与苏联、东欧等社会主义国家进行贸易和经济技术合作,另一方面,千方百计打破封锁,向资本主义国家出口农副产品、工艺品、服装鞋帽,以换取硬通货。1949年全国解放时,解放军之所以不进入香港,一个重要考虑就是让那里继续由英国人管理，以便作为我国与资本主义世界进行贸易的通道。把"封闭僵化的老路"解释成改革开放前的历史时期，是不符合实际的。邓小平说过："毛泽东同志在世的时候，我们也想扩大中外经济技术交流，包括同一些资本主义国家发展经济贸易关系，甚至引进外资、合资经营等等。但是那时候没有条件，人家封锁我们。后来'四人帮'搞得什么都是'崇洋媚外'、'卖国主义'，把我们同世界隔绝了。毛泽东同志关于三个世界划分的战略思想，给我们开辟了道路。"①从这段话中我们也可以看出，所谓"封闭僵化的老路"，主要指"文化大革命"中极左思潮泛滥，特别是那时"四人帮"把引进国外先进设备和技术统统斥为"洋奴哲学"，使我们形成了自我封闭状态。但即使在那时，毛泽东仍然批准用43亿美元引进西方冶金、化纤、煤矿、化肥等生产设备的"四三"方案，其引进规模远远超过"一五"时期从苏联的引进。可见，"文化大革命"时期有"封闭僵化"的问题，但完全说成是"封闭"也不符合实际。

---

① 《邓小平文选》第2卷,人民出版社,1994,第127页。

总之，改革开放是在"文化大革命"已经结束，但"两个凡是"的错误方针使党和国家工作又出现前进中徘徊局面的大背景下，以邓小平为核心的中共第二代中央领导集体作出的政治决断和战略抉择。没有改革开放，新中国的历史显然难以为继。但没有改革开放前那段历史打下的基础，改革开放也是难以起步的。

我们说改革开放开辟了中国特色社会主义道路，绝不等于说改革开放之前的社会主义道路没有中国特色，而是因为中国特色社会主义道路作为一个政治概念，已被赋予了特定的内涵。其实，我们党和毛泽东主席早在中共八大前后就已提出要"找到自己的一条适合中国的路线"[1]，也就是说要探索一条适合中国的社会主义建设道路，只不过在探索中走了弯路。从这个意义上说，中国特色社会主义道路的源头最早可以追溯到 1956 年开始的对适合中国的社会主义道路的探索。这就如同人们在森林中走路一样，后人很容易看到前人走错了路，但后人走对了路，反过来也说明前人的探索对于后人是有益的。

---

[1] 《毛泽东传(1949－1976)》(上)，中央文献出版社，2003，第 486 页。

三 中国特色社会主义道路基本经验的核心

中国特色社会主义建设从 1978 年算起,到 2015 年已经 37 年。在这段时间里,我国经济总量在世界各国排名中,从第 10 位上升到第 2 位,进出口总额从第 32 位上升到第 2 位,外汇储备从第 40 位上升到第 1 位,钢铁产量从第 6 位上升到第 1 位,高速公路和高速铁路均由无上升到第 1 位。与此同时,与改革开放前相比,城乡居民人均可支配收入扣除价格因素提高了 6 倍多,恩格尔系数分别由 57.5% 和 67.7% 下降到 35% 和 37.7%;居住面积分别由 1.7 平方米和 8.1 平方米增加到 32.9 平方米和 37.1 平方米;人均预期寿命也由 67 岁提高到 75 岁,超过世界人均数 5 年。对于这个变化,世界绝大多数人都看在眼里,惊在心上。有人把这个时期中国的发展道路,称为"中国模式"或"北京共识";更多的人试图通过回顾和总结这段历史,找出中国改革开放的成功经验,揭示中国发展道路的"奥妙"所在。我并不认为中国的发展道路是其他发展中国家可以照搬的"模式",但这一发展道路向世界提供了不同于西方"模式"的另一种现代化选择,则是确定无疑的。因此,总结中国特色社会主义道路或者说我国改革开放的经验,不仅对中国有益,对广大发展中国家也是有益的。

中国特色社会主义道路的经验当然会有很多,即使其中的基本经验也绝不只有一条。但在唯物辩证法看来,决定事物性质的诸多矛盾中必定有一个是最主要的、起核心作用的。总结改革开放的经验,也应当尽力找出所有经验中最主要的、起核心作用的经验。因为只有这样,才能准确把握改革开放的内在规律,推动我国改革开放继续沿着正确道路发展,并向其他情况类似的发展中国家提供真实可靠、具有借鉴意义的参考。那么,基本经验的核心究竟是什么?目前无论国内还是国外,对此都存在许多不同甚至截然相反的见解。其实,这个核心并不神秘,我认为它就是人们常说的:坚持改革开放与坚持四项基本原则相结合。

(一)坚持改革开放与坚持四项基本原则是中共十一届三中全会路线的核心内容

改革开放是由中共十一届三中全会揭开序幕,并在三中全会路线指引下进行的。总结改革开放的经验，首先应当弄清楚什么是三中全会路线。所谓三中全会路线，是指中国共产党在十一届三中全会后逐渐形成并在改革开放过程中不断丰富发展的社会主义初级阶段的基本路线，其核心内容是：以经济建设为中心，坚持社会主义道路、人民民主专政、共产党领导、马列主义和毛泽东思想四项基本原则，坚持改革开放，简称"一个中心、两个基本点"。可见，由十一届三中全会开始的改革开放，是与上述四项基本原则结合在一起的改革开放，是社会主义制度的自我完善和发展。因此，我们说改革开放是在三中全会路线或基本路线指引下进行的，就是说它是按照"一个中心、两个基本点"有机统一的要求进行的。所谓中国特色社会主义，最大的特色就在于此。从一定意义上可以讲，它在实践上的展开就是中国特色社会主义道路，在理论上的展开就是中国特色社会主义理论体系。因此，中共十四大以来的历次党代表大会号召全党全国人民高举中国特色社会主义伟大旗帜，从根本上讲，就是要我们坚持"一个中心、两个基本点"的有机统一。

从改革开放30多年的实践看，坚持改革开放与坚持四项基本原则相结合的主要内容,大体有以下三点。

1. 在经济上,一方面发展个体私营经济,逐步使市场对资源配置起基础性作用;另一方面,坚持以公有制和按劳分配为主体,加强社会主义国家对市场活动的宏观调控

新中国成立后的 20 多年,我国实行计划经济体制与生产资料的全民所有和集体所有制,在奠定工业化的初步基础、改善农田水利的基本状况方面建立了不可磨灭的功绩。可是,由于缺少经验和受"左"的思想影响,我国过早地取消了个体经营和按照市场变化的自由生产。尤其当独立完整的工业体系和国民经济体系基本建立起来、经济规模逐渐扩大后,不仅没有从生产力水平仍然十分低下的实际情况出发,适时调整经济体制,发挥社会主义条件下的个体私营经济和市场调节的作用,相反,在所有制结构上越来越追求"一大二公",在经济计划上越统越多、越统越死。改革开放后,我们对什么是社会主义进行了再认识,破除了社会主义社会不能有个体私营经济和市场调节的思想禁锢,对原有的所有制结构、分配方式和经济运行体制进行了一系列改革,打破了公有制和按劳分配一统天下的局面,落实了国有企业和农民对企业

与土地的经营自主权,发挥了市场对资源配置的基础性作用。但与此同时,我们始终坚持公有制的主体地位和国有经济的主导地位,不允许搞私有化,更不允许出现私人垄断资本、金融和产业寡头,以及买办集团;不放弃计划手段,更不放弃国家对市场经济的宏观控制。正因为如此,我们的改革开放才可能做到对内没有出现两极分化和阶级压迫,也没有导致经济失控的局面;对外没有成为发达国家的经济附庸,也没有走上某些后起的帝国主义国家靠发动战争掠夺别国资源和市场的老路,从而为改革开放以来的快速发展提供了良好的经济环境和国际环境。

2. 在政治上,一方面加强社会主义民主与法制建设,进行社会主义政治体制改革,推进社会主义民主政治;另一方面,坚持共产党在国家事务中总揽全局、协调各方的核心领导作用,牢牢掌握社会主义政权的人民民主专政职能

中国共产党过去长期处在革命战争和地下斗争的环境中,取得政权后未能及时调整自己的领导方式,因此一度存在权力过分集中、以党代政等弊端。另外,由于缺少

执政经验,加上中国有着较长的封建历史,经济和文化的发展水平也比较低,因此一度存在忽视民主与法制建设的弊病,使社会主义民主政治建设严重滞后。改革开放后,中国共产党提出改进党的领导和进行政治体制改革的任务,实行党政职能适当分开的方针,进行干部人事制度、政府机构和司法制度等一系列改革,树立法律面前人人平等、有法必依、违法必究的观念,确立党必须在宪法和法律范围内活动、对权力要加强制约与监督、尊重和保障人权、维护司法公正等原则,实施依法治国方略,并积极借鉴人类政治文明的有益经验,有组织有步骤地丰富和完善社会主义民主的实现形式。这一切极大地发展了社会主义的民主政治,使人民群众的民主权利不断得到落实和扩大。但与此同时,中国共产党始终强调政治体制改革是社会主义政治制度的自我完善和发展,必须坚持党的领导、人民当家作主、依法治国的有机统一;政治体制改革虽然要借鉴人类政治文明中的有益成果,但必须结合我国经济文化社会发展的实际情况,不搞西方的多党制和议会民主、三权分立。正因为如此,改革开放才可能保留全国一盘棋、集中力量办大事等社会主义的优越性,才没有像一些照搬西方政治制度的发展中国家那样出现政局动荡、社会混乱、内战连绵的局面,才创造了在政治体制发生重大变革的情况下经济建设却快速发展的奇迹。

3. 在意识形态上,一方面,克服对马克思主义的教条式理解,否定"两个凡是"的方针,承认并认真纠正新中国成立以来所犯的历史错误;另一方面,坚持马克思主义指导不动摇,充分肯定毛泽东同志的历史地位,从总体上正面评价新中国成立以来的历史

新中国成立后的一段时间,中国共产党对马克思主义有过一些教条式的理解,对形势的分析和对国情的认识有过主观主义的偏差,在政治上犯过阶级斗争扩大化的错误,在经济上犯过急躁冒进的错误,尤其发生过"文化大革命"那样全局性、长时期的错误。粉碎"四人帮"后的头两年,又在"两个凡是"(凡是毛主席作出的决策都要坚决拥护,凡是毛主席的指示都要始终不渝地遵循)的错误方针下,拖延和阻碍了对历史错误的清理。改革开放后,中国共产党否定了"两个凡是"的方针,停止使用"以阶级斗争为纲"这个不适合于社会主义社会的口号,审查

和解决了党的历史上一批重大冤假错案和一些重要领导人的功过是非问题。但同时强调："毛泽东同志在长期革命斗争中立下的伟大功勋是不可磨灭的……党中央在理论战线上的崇高任务，就是领导、教育全党和全国人民历史地、科学地认识毛泽东同志的伟大功绩，完整地、准确地掌握毛泽东思想的科学体系，把马列主义、毛泽东思想的普遍原理同社会主义现代化建设的具体实践结合起来，并在新的历史条件下加以发展。"①以后，中共又在《关于建国以来党的若干历史问题的决议》中，对新中国头32年的重大历史事件逐一进行了实事求是的分析，指出，"因为毛泽东同志晚年犯了错误，就企图否认毛泽东思想的科学价值，否认毛泽东思想对我国革命和建设的指导作用，这种态度是完全错误的。对毛泽东同志的言论采取教条主义态度，以为凡是毛泽东同志说过的话都是不可移易的真理，只能照抄照搬，甚至不愿实事求是地承认毛泽东同志晚年犯了错误，并且还企图在新的实践中坚

---

① 《三中全会以来重要文献选编》(上)，人民出版社，1982，第12~13页。

持这些错误,这种态度也是完全错误的。这两种态度都是没有把经过长期历史考验形成为科学理论的毛泽东思想,同毛泽东同志晚年所犯的错误区别开来"。[①]《决议》还指出:"三十二年来我们取得的成就还是主要的,忽视或否认我们的成就,忽视或否认取得这些成就的成功经验,同样是严重的错误。我们的成就和成功经验是党和人民创造性地运用马克思列宁主义的结果,是社会主义制度优越性的表现,是全党和全国各族人民继续前进的基础。"[②]此后至今,中国共产党始终一贯地坚持了对改革开放前历史时期的上述基本评价。正因为如此,改革开放才可能在纠正历史错误的同时,维护全党全国各族人民团结奋斗的共同思想基础,才没有重蹈一些前社会主义国家否定革命领袖和社会主义历史而导致信仰危机、政权崩溃的覆辙,从而为我国连续30多年快速发展提供了良好的思想和舆论环境。

---

① 《三中全会以来重要文献选编》(下),人民出版社,1982,第836~837页。
② 《三中全会以来重要文献选编》(下),人民出版社,1982,第798页。

（二）坚持改革开放与坚持四项基本原则相结合是党中央对改革开放历次经验总结中的主要结论

对改革开放的经验进行专题总结,最早是 1992 年的中共十四大。十四大报告在题为"十四年伟大实践的基本总结"一节中指出:"十四年伟大实践的经验,集中到一点,就是要毫不动摇地坚持以建设有中国特色社会主义理论为指导的党的基本路线。这是我们事业能够经受风险考验,顺利达到目标的最可靠的保证。"①

过了 5 年,中共十五大报告又说:"在把我们的事业全面推向二十一世纪的历史时刻,必须郑重指出:全党要毫不动摇地坚持党在社会主义初级阶段的基本路线,把以经济建设为中心同四项基本原则、改革开放这两个基本点统一于建设有中国特色社会主义的伟大实践。这是近二十年来我们党最可宝贵的经验,是我们事业胜利前进最可靠的保证。"②

随后,时任中共中央总书记江泽民同志在 1998 年 12

---

① 《十四大以来重要文献选编》(上),人民出版社,1996,第 14 页。
② 《十五大以来重要文献选编》(上),人民出版社,2000,第 18 页。

月纪念十一届三中全会召开 20 周年大会的讲话中,将改革开放的实践概括出 11 条主要经验。其中,坚持改革开放与四项基本原则的结合,是紧接着坚持马克思主义思想路线之后的第二条经验。

过了 4 年,中共十六大报告又对 1989 年十三届四中全会以来的 13 年进行了总结,提出 10 条基本经验。其中第一条是坚持以邓小平理论为指导,第二、三、四条分别是坚持以经济建设为中心、坚持改革开放、坚持四项基本原则,第五、六、七条依次为坚持物质文明与精神文明两手抓、坚持稳定压倒一切的方针、坚持党对军队的绝对领导。

在 2007 年召开的中共十七大上,时任中共中央总书记的胡锦涛同志总结了我国改革开放近 30 年的实践经验,提出了把坚持马克思主义基本原理同推进马克思主义中国化结合起来,把坚持四项基本原则同坚持改革开放结合起来,把尊重人民首创精神同加强和改善党的领导结合起来等"十个结合",指出这些是"取得了我们这样一个十几亿人口的发展中大国摆脱贫困、加快实现现代化、巩固和发展社会主义的宝贵经验"。不久后,他又对这"十个结合"作了进一步阐述,指出其中"前三条是管总的,揭示了我国改革开放取得成功的关键和根本"。

2013 年初,习近平总书记在新进中央委员会的委员、候补委员学习贯彻党的十八大精神研讨班上讲话,讲的第一个问题就是如何认识中国特色社会主义道路。他说:"中国特色社会主义是社会主义而不是其他什么主义,科学社会主义基本原则不能丢,丢了就不是社会主义。"他还指出:"我们说中国特色社会主义是社会主义,那就是不论怎么改革、怎么开放,我们都始终要坚持中国特色社会主义道路、中国特色社会主义理论体系、中国特色社会主义制度,坚持党的十八大提出的夺取中国特色社会主义新胜利的基本要求。"其中仍然包括坚持四项基本原则和坚持改革开放。他强调:"这些都是在新的历史条件下体现科学社会主义基本原则的内容,如果丢掉了这些,那就不成其为社会主义了。"①可见,在习总书记看来,中国特色社会主义道路的核心仍然是四项基本原则与改革开放相结合。

---

① 《十八大以来重要文献选编》(上),中央文献出版社,2014,第
109～110 页。

从以上过程可以清楚地看出,中共中央在对改革开放进行的历次经验总结中,坚持改革开放与坚持四项基本原则相结合始终居于最为显著的位置,一直被看作改革开放经验中"最可宝贵的经验",是改革开放"最可靠的保证",是"取得成功的关键和根本"。因此,它无疑是所有经验中的核心和统帅。

(三)坚持改革开放与坚持四项基本原则相结合是我国与大多数发展中国家相比较的最大优势所在

有一种观点认为,改革开放之所以成功,根本原因在于实行了改革开放。且不说这种观点在逻辑上的毛病,即使说它逻辑上成立,在事实上也是站不住脚的。因为,所谓改革,主要是以市场为取向;所谓开放,说到底是与国际经济接轨。而目前世界200多个国家和地区的67亿人口中,除了二十几个发达资本主义国家的8亿人一直在实行市场经济和主导着国际经济之外,余下绝大多数发展中国家和地区的60亿左右人口,要么早就实现了市场经济和与国际经济接轨,要么也是在朝市场经济和与国际经济接轨的方向过渡。在这么多实行市场经济和与国际经济接轨的国家和地区中,为什么唯独中国改革开放后的发展速度最快,而且持续时间最长呢?如果再考虑到我国人口负担重、经济基础弱、气候条件差、人均耕地和各种资源相对贫乏、区域发展极不平衡等不利因素,能做到这一点就更不容易、更值得人们问一个为什么了。可见,仅仅用实行改革开放这一条来解释改革开放成功的根本原因,是经不起推敲的,也是难以令人信服的。

近代史上,中国曾丧失过很多发展机遇,而当代中国却起码抓住了两次机遇,实现了自身的跨越式发展。如果说抓住第一次机遇的主要原因是我们选择了提前向社会主义过渡的话,那么抓住第二次机遇的主要原因则是我们在坚持社会主义基本制度的基础上实行了改革开放。可见,当代中国与大多数发展中国家和地区之间的最大区别,并不在于是否改革开放,是否实行了市场经济和与国际经济接轨,而在于当代中国的改革开放没有脱离本国国情,没有照搬西方经济、政治制度,相反,中国立足本国国情,有选择地学习和利用当今世界上一切于己有利的好做法好经验;在于我们的市场经济仍然与社会主义的基本经济制度相结合,仍然接受国家的宏观调控,仍然更好地发挥政府的作用;在于我们虽然与国际经济接轨,但没有被完全纳入世界资本主义的经济体系,没有受国际垄断财团、跨国公司的任意摆布。我认为,这才是我们的改革开放之所以成功的关键所在和根本原因。

(四)坚持改革开放与坚持四项基本原则的结合是国内外敌对势力攻击的焦点

对于当代中国从本国国情出发,把坚持改革开放与坚持四项基本原则相结合,从而在保持社会基本稳定的前提下实现经济快速发展的这个"奥妙",许多发展中国家渐渐看明白了,对西方的制度模式产生了越来越大的怀疑,对中国的发展道路产生了越来越大的兴趣。同样,对这个"奥妙",西方敌对势力也很明白。正因为如此,他们以及与他们相勾结的国内民族分裂势力、邪教组织、"民运"分子,为了遏制中国的进一步发展,为了消除中国发展道路在发展中国家产生的影响力、吸引力,一方面利用一切机会,或在国际制造反华事端,或在国内挑唆群众与党和政府相对立,千方百计对中国进行渗透、分裂、颠覆活动;另一方面,把攻击的矛头对准坚持改革开放与坚持四项基本原则的结合。他们在经济体制上兜售西方的新自由主义,集中攻击我国的社会主义市场经济体制,说这不是真正的市场经济,市场经济前面无须加"社会主义"四个字,经济转型"要靠私有化推动",要把公有制为主体变为"以民营经济为主体","只要保证民营经济发展,任何宏观经济措施都可以不要",政府只要为企业服务就行了,不必再管理经济,等等;在政治体制上贩卖"西方宪政"和社会民主主义、民主社会主义,集中攻击中国共产党的领导和人民民主专政,说中国共产党是"独裁的专制的党",当代中国是"专制国家","是西方自由民主模式最大的潜在对手",要"更多地支持不同政见者致力于中国的政治开放","新一轮政治改革的总目标是宪政","思想解放的根本任务是要从国家垄断一切、管制一切、控制一切的旧传统中解放出来",等等;在意识形态上鼓吹"普世价值"和历史虚无主义,集中攻击中国革命、中国共产党和中华人民共和国的历史,丑化、妖魔化毛泽东、周恩来、邓小平等领袖人物,把中共党史和中国当代史描绘成一连串错误的集合,并且大做反面历史人物的翻案文章,妄图重写中国近代史、革命史和新中国历史。

在国内外敌对势力看来,随着我国私营经济和市场经济的发展,政治体制改革的深入,对历史错误的揭发批判,中国早晚有一天会放弃社会主义制度、人民民主专政、共产党领导和马克思主义指导这四项基本原则。因此，他们往往显得比我们更关心改革开放，一有风吹草动就造谣说我们的改革开放政策要变了。由此可见，他们并不反对改革开放，而是反对改革开放与四项基本原则结合。这从反面证明，改革开放与四项基本原则相结合才是各种敌对势力最为害怕的。正如邓小平指出的："台湾集中攻我们四个坚持，恰恰证明四个坚持不能丢。没有四个坚持，中国就乱了。"①"某些人所谓的改革，应该换个名字，叫作自由化，即资本主义化。他们'改革'的中心是资本主义化。我们讲的改革与他们不同"。②"如果不坚持这四项基本原则，纠正极左就会变成'纠正'马列主义，'纠正'社会主义。"③"中国的政策基本上是两个方面，说不变不是一个方面不变，而是两个方面不变。人们忽略的一个方面，就是坚持四项基本原则，坚持社会主义制度，坚持共产党领导。人们只是说中国的开放政策是不是变了，但从来不

① 《邓小平文选》第3卷，人民出版社，1993，第286页。
② 《邓小平文选》第3卷，人民出版社，1993，第297页。
③ 《邓小平文选》第3卷，人民出版社，1993，第137页。

提社会主义制度是不是变了,这也是不变的嘛!"①

前几年,新加坡大学东亚研究所所长郑永年教授撰文说:"欧洲(实际上整个西方世界)实际上是期望中国的发展会实现西方价值。但现实是,中国的发展不仅没有使得西方价值在中国开花结果;反而,中国的发展经验对发展中国家产生了很大的影响,从而对西方的价值构成了挑战。""在很大程度上,欧洲人对于一个政治中国的担忧和恐惧甚于一个经济中国。并且,这种担忧和恐惧还相当普遍。现实地说,这种担忧甚至恐惧很难在短时间内消除,也很可能随着中国的进一步崛起和外在影响力的提高而强化。"②他的话也从另一个侧面说明,西方敌对势力最反对的,正是我们最成功的地方。

(五)苏共下台、苏联解体的教训从反面说明能否与四项基本原则相结合是改革开放成功与否的关键

对苏共下台、苏联解体的原因可以说出很多,但最主要的原因是戈尔巴乔夫搞的改革,"放弃了社会主义道

① 《邓小平文选》第3卷,人民出版社,1993,第217页。
② 新加坡《联合早报》2008年5月13日。

路,放弃了无产阶级专政,放弃了共产党的领导地位,放弃了马克思列宁主义,结果使得已经相当严重的经济、政治、社会、民族矛盾进一步激化,最终酿成了制度剧变、国家解体的历史悲剧"。① 他们在经济改革方面错用了新自由主义药方,搞"500天计划""休克疗法",推进放任自流的市场经济和私有化,造成生产下降、物价飞涨、少数人暴富、多数人贫困的局面;在政治改革方面错用了"人道的民主的社会主义"药方,搞议会民主、三权分立、多党制那一套,逐渐使苏共失去了对国家的领导地位;在意识形态方面错用了多元化、公开性的药方,发动全民对苏共和苏联历史进行清算,由大反斯大林发展到反列宁,反十月革命,反马克思主义;相反,把托洛茨基等人奉为英雄,把沙皇当成布尔什维克"暴政"的受害者,从而使苏共威信扫地,使苏联历史臭不可嗅,使人民对革命领袖的崇敬和对社会主义的信念彻底动摇。试想,在这种形势下,苏共怎么可能不下台,苏联又怎么可能不解体呢?

近些年来,俄罗斯执政者和不少有识之士开始反思,

---

① 《江泽民文选》第3卷,人民出版社,2006,第230页。

并逐渐调整在苏联解体初期的政策。他们在经济体制上，废止福利货币化的改革方案，打压一些在苏联解体过程中暴富的金融、产业寡头，接连出台一系列重新国有化和旨在加强国家宏观调控政策的措施；在政治体制上，探索"有管理的民主"、"主权民主"和"发展式民主"等适合自身特点的政治道路，试图在多党制的基础上，重建一个能控制议会多数乃至整个社会的政党；在意识形态上，开始改变对苏联时期领导人和历史全盘否定的态度，强调要对历史虚无主义、媚外思想进行清算，要把苏联历史看作俄罗斯历史的重要组成部分，并在由政府审定的教科书中，对斯大林和斯大林执政时期的工业化建设与农业集体化的历史作用作出了比较合乎实际的评价。

2008 年，苏联最后一位部长会议主席雷日科夫到当代中国研究所作题为"苏联解体原因"的报告，说苏联是靠苏联共产党凝聚的，没有了苏联共产党，苏联是不可能存在的。为了使改革有稳固和强有力的国家权力作保证，千万要坚持共产党的领导；而为了使这个党具有凝聚力，千万不要搞私有化。就连戈尔巴乔夫也对我们《光明日报》的记者说："改革时期，加强党对国家和改革进程的领导是所有问题的重中之重。……如果党失去对社会和改革的领导,就会出现混乱"。"我对中国朋友的忠告是:不要搞什么'民主化',不会有好结果!千万不要让局势混乱,稳定是第一位的。在这些方面,中国领导人的表现是出色的。"①他们的话,在很大程度上代表了当今俄罗斯思想界对20世纪80年代那场改革的新认识。它从反面进一步说明,社会主义国家的改革开放要避免失败,关键在于不能让改革开放与四项基本原则相脱节。

中共十八大后,习近平总书记曾一针见血地指出:"古人说:'灭人之国,必先去其史。'国内外敌对势力往往就是拿中国革命史、新中国历史来做文章,竭尽攻击、丑化、污蔑之能事,根本目的就是要搞乱人心……苏联为什么解体?苏共为什么垮台?一个重要原因就是意识形态领域的斗争十分激烈,全面否定苏联历史、苏共历史,否定列宁,否定斯大林,搞历史虚无主义,思想搞乱了,各级党组织几乎没任何作用了,军队都不在党的领导之下了。最后,苏联共产党偌大一个党就作鸟兽散了,苏联偌大一个社会主义国家就

---

① 摘自 2006 年 9 月 3 日人民网。

分崩离析了。"①他还一再强调，坚守新民主主义革命的胜利成果，肯定社会主义革命建设的成就，坚持改革开放和社会主义现代化建设的方向，是"党和人民在当今世界安身立命、风雨前行的资格"②；要"坚决反对任何歪曲和丑化党的历史的错误倾向。这是党史工作必须遵循的党性原则，也是每一个党史工作者应该履行的政治责任"③。这充分说明，维护党和国家的历史就是维护党的领导和社会主义制度。这是苏共下台、苏联解体给予我们的重要教训。

改革开放 30 多年的历史说明，在新的国际国内条件下，当代中国不改革不开放，生产力不可能进一步发展，社会也不可能稳定；改革开放不坚持四项基本原则，生产力不仅要遭受破坏，社会还会分崩离析。这是改革开放30 多年实践得出的最为重要的结论，也是中国现代化道路超越西方现代化道路的最重要的原因。如果说中国特色社会主义道路有什么普遍意义的话，意义就在这里。

---

① 《十八大以来重要文献选编》(上)，中央文献出版社，2014，第 113 页。
② 《人民日报》2014 年 8 月 21 日。
③ 《人民日报》2010 年 7 月 22 日。

四 中国特色社会主义道路的时代性

党的十七大报告在给中国特色社会主义下定义时，有这样一句话："中国特色社会主义道路之所以完全正确、之所以能够引领中国发展进步，关键在于我们既坚持了科学社会主义的基本原则，又根据我国实际和时代特征赋予其鲜明的中国特色。"这句话讲到选择中国特色社会主义道路的一个根据是时代特征。所谓时代特征，我理解就是指我们党自20世纪80年代以来说的当今时代的主要问题或主要特征是和平和发展。因此，这句话实际是说，和平和发展成为当今时代的主要特征，是中国特色社会主义道路的时代根据。那么，时代特征与时代性质是否是一回事呢？如果说是一回事，能否说当今时代已变成和平和发展的时代了呢？如果说不是一回事，当今时代的性质又是什么呢？对于这些问题的回答，不仅涉及对当今时代的认识，也涉及对中国特色社会主义的理解。

自从党的十八大以来，习近平总书记反复强调，对于中国特色社会主义，要坚定道路自信、理论自信、制度自信、文化自信。如果我们搞不清楚当今时代的特征与时代性质的关系,也搞不清楚当今时代的性质是什么,要坚定这些自信是很难的。因为,中国特色社会主义同时是坚持科学社会主义基本原则的社会主义,而坚持科学社会主义基本原则的时代依据,只能是当今时代的性质。所以,我们要坚定自信,必须全面完整地理解中国特色社会主义的时代性。

(一)中国的新民主主义革命和社会主义革命是世界进入帝国主义时代或资本主义向社会主义过渡时代的必然产物

时代的概念在不同话语体系和不同语境下,有着不同的内涵。在考古学范畴,"时代"一般按人类使用的主要工具来划分,如旧石器时代、新石器时代、青铜时代等。在历史学范畴,"时代"有时按照距离当前远近来划分,如远古时代、古代、近代、现代等;有时按照朝代变动来划分,如中国的夏商周时代、春秋战国时代、秦汉时代等;有时按照文化的标志性事件来划分,如欧洲的神学时代、文艺复兴时代等。马克思、恩格斯著作中也用考古学、历史学等范畴中的时代概念,但更主要的是在马克思主义理论话语体系中使用这一概念。而这种话语体系中的时代,是与生产方式、社会形态的概念紧密联系在一起的。

在马克思主义看来,人类为了生活,首先需要吃喝住穿以及其他一些东西,因此,第一个历史活动是生产满足这些需要的物质产品。在生产过程中,劳动者、劳动资料和劳动对象的相互作用、有机结合,构成了社会生产力。同时,人们在生产过程中形成的生产资料所有制关系、生产中人与人的关系和产品分配关系又构成与生产力之间既相适应又相矛盾的生产关系。而二者的有机结合,构成了人类社会的生产方式。其中,生产关系的总和又构成社会的经济基础,建立在这一基础之上的社会制度、设施、思想体系,即政治的、法律的制度,以及政治法律思想、道德、艺术、宗教、哲学等观点,构成社会的上层建筑。经济基础和上层建筑的统一体构成一定的社会形态,其中包括经济形态、政治形态和意识形态。生产力与生产关系、经济基础和上层建筑的矛盾运动,推动生产方式、社会形态由低级向高级依次更替。迄今为止,人类社会大体经历了原始社会、奴隶社会、封建社会、资本主义社会、社会主义社会(共产主义社会的第一阶段)五种生产方式和社会形态。对此,马克思在《〈政治经济学批判〉序言》中写道:"大体说来,亚细亚的、古希腊罗马的、封建的和现代资产阶级的生产方式可以看做是经济的社会形态演进的几个时代。"①可见,马克思主义话语体系中的"时代",就是指人类特定的生产方式和社会形态。

欧洲封建时代后期,即 14～15 世纪,资本主义萌芽在地中海沿岸一些地区出现。到 15 世纪末 16 世纪初,资本主义通过原始积累,拉开了封建时代生产方式的变革序幕。进入 17 世纪中叶后,英法等西欧国家的资产阶级率先革命,推翻了封建制度,代之以"自由竞争以及与自由竞争相适应的社会制度和政治制度、资产阶级的经济统治和政治统治",②使世界从此进入资本主义时代。从 18 世纪 60 年代到 19 世纪 30 年代,先进的资本主义国家陆续发生并完成了工业革命,先后实现工业化,使机器大工业为主体的工厂制度代替了手工技术为基础的手工

---

① 《马克思恩格斯选集》第 2 卷,人民出版社,2012,第 3 页。
② 《马克思恩格斯选集》第 1 卷,人民出版社,2012,第 405 页。

工场,创造出"比过去一切世代创造的全部生产力还要多,还要大"①的生产力;同时,也使这种生产力与它赖以生存和发展的生产关系之间出现尖锐矛盾,并产生了反对和埋葬这种生产关系的阶级——工人阶级,即无产阶级。19世纪三四十年代,欧洲连续爆发英、法、德三国工人反对资本主义制度的起义和斗争,表明工人阶级作为一支独立的政治力量登上了世界历史舞台。马克思、恩格斯就生活在那个年代。他们顺应工人阶级的革命要求,通过批判地吸收法国空想社会主义、英国古典政治经济学和德国古典哲学的合理成分,创立了唯物史观和剩余价值理论,揭示了资本主义必然灭亡和共产主义必然胜利的历史规律,天才地预言了在资本主义和共产主义之间有一个从前者转变为后者的过渡社会——社会主义社会,从而把社会主义从空想变成了科学。

在马克思、恩格斯生活的年代,资本主义总体说来还处在自由竞争阶段。他们的晚年即19世纪70年代前后,一些资本主义国家出现了托拉斯,甚至出现了国有企业,自由

---

① 《马克思恩格斯选集》第1卷,人民出版社,2012,第405页。

竞争开始向垄断转变。但那时垄断还没有成为资本主义生产方式的主导形式,还不具备对垄断资本主义进行深入研究的条件。到了19世纪末20世纪初,垄断逐渐代替自由竞争,占据了资本主义生产关系的统治地位,并由私人垄断向国家垄断发展,最终导致人类历史上第一次世界大战和无产阶级革命形势的高涨。而这正是列宁生活的年代。

列宁继承并发展了马克思主义,深入分析了垄断资本主义的特征、实质,并在著名的《帝国主义是资本主义的最高阶段》一文中,将19世纪末20世纪初资本主义出现的变化归纳为五个基本特征,即垄断组织在经济生活中起决定作用,银行资本和工业资本相融合形成金融寡头,资本输出相比商品输出意义更加重要,资本家用于瓜分世界的国际垄断同盟已经形成,最大的资本主义国家已经把世界领土分割完毕。他由此得出结论:资本主义已经由自由资本主义阶段发展到了垄断资本主义阶段,即帝国主义时代。同时,他通过对垄断资本要追求更高的垄断利润,后起的帝国主义国家要求重新瓜分世界的分析,断定在帝国主义时代里,资产阶级与无产阶级之间的矛盾,以及帝国主义国家之间的矛盾必然加剧,无产阶级的革命和帝国主义的战争都不可避免。同时,他又通过分析垄断资本主义国家之间政治经济发展的不平衡性,指出社会主义革命有可能在帝国主义统治体系的薄弱环节中的一国或数国首先取得胜利,因此,人类历史不仅进入了帝国主义时代,而且进入了无产阶级革命的时代,或由资本主义向社会主义过渡的时代。至于无产阶级革命能否胜利,取决于无产阶级革命政党能否准确和及时地把握国内和国际形势的有利时机,能否制定正确的战略和策略。总之,在列宁看来,帝国主义时代的主要问题或者说突出特点,是战争和革命,即现代战争和无产阶级革命,以及殖民地半殖民地反对帝国主义的斗争。他认为在帝国主义时代,不是战争引起革命,就是革命制止战争。他还亲自领导了俄国的十月革命和革命胜利之后世界第一个社会主义国家的建立,从而把科学社会主义由理论变成了现实。

后来的历史说明,列宁的帝国主义论不仅符合资本主义发展的客观实际,而且对无产阶级的社会主义革命和殖民地半殖民地的民族民主解放运动具有极其重要的指导意义。毛泽东正是根据列宁的这一理论,分析了中国革命的历史特点,提出了新民主主义论。他指出:"中国资产阶级民主主义革命,自从一九一四年爆发第一次帝国主义世界大战和一九一七年俄国十月革命在地球六分之一的土地上建立了社会主义国家以来,起了一个变化。"①这个革命在这以前,属于旧的世界资产阶级革命的范畴;在这之后,从性质上说,虽然还是资产阶级的民主主义的,但从世界革命的阵线上说,已成为无产阶级社会主义革命的一部分了。因为,世界自从进入帝国主义和无产阶级革命的时代,地球上自从六分之一的土地建立起社会主义国家,中国革命的领导阶级就变了,最终由资产阶级变为了无产阶级;中国革命的目的也变了,由建立资本主义社会和资产阶级专政的国家,变为第一步建立新民主主义社会和各个革命阶级联合专政的国家,第二步建立社会主义社会和人民民主专政的国家;另外,中国革命的国际环境也变了,由过去只受帝国主义的打压,变为既受到帝国主义打压,同时也受到社会主义国家和国际无产阶级的援助。

---

① 《毛泽东选集》第2卷,人民出版社,1991,第667页。

中国新民主主义革命的胜利，以及新中国成立后，通过社会主义革命把占人类四分之一的人口带入社会主义社会的事实，印证了毛泽东的新民主主义理论，也验证了列宁关于世界已进入帝国主义和无产阶级革命时代的论断，并且再次证明马克思、恩格斯关于人类社会将由资本主义时代向社会主义、共产主义时代过渡的预言是完全科学和无比正确的。

（二）中国特色社会主义道路的开辟是对和平和发展成为时代特征的正确反映

前面说过，马克思主义话语体系中的时代，是与人类生产方式、社会形态连在一起的概念。可见，这种时代少则持续几个世纪，多则持续十几个世纪。在这么长的时间里，每个时代自然会由于经济基础和上层建筑矛盾过程中发生重大变化而划分出不同的阶段，每个阶段又可能由于重大历史事变而被划分为不同的时期，从而呈现不同的时代特点。我们研究历史，既不能用对时代性质的判断，取代对该时代内不同阶段、不同时期、不同特征的分析；反过来，也不能用对某个时代里不同阶段、不同时期、不同特征的判断，取代对该时代性质的认定。就是说,不能把时代性质与时代内不同阶段、不同时期以及它们的不同特征相混淆。这一点,在革命政党制定战略和策略时,显得尤其重要。

从列宁提出帝国主义论到今天的历史表明,战争和革命虽然都是资本主义进入垄断阶段,或者说世界进入帝国主义时代的伴生物,只要有垄断资本主义有帝国主义,就会有现代战争,就会有无产阶级的革命;然而,战争和革命作为时代的主要问题或突出特点,并不一定存在于资本主义垄断阶段或帝国主义时代的全过程,而有可能只存在于这个时代中的特定时期。具体说,从 19 世纪末 20 世纪初到 20 世纪七八十年代,世界在大半个世纪里的主要问题或突出特征,确实是战争和革命。比如,先是 1914～1918 年爆发的第一次世界大战和俄国十月革命的胜利;接着是 1937～1945 年爆发的第二次世界大战和中国革命的胜利,以及世界社会主义阵营的形成;再往后是 20 世纪中叶亚非拉殖民地半殖民地国家掀起的民族解放运动高潮,以及社会主义与帝国主义两大阵营的冷战与局部热战。所以,直到 1969 年,毛泽东在谈到世界大战问题时仍然这样估计:"无非是两种可能:一种是战争引起革命，一种是革命制止战争。"①但是，当世界进入 20 世纪七八十年代，国际形势发生了许多明显变化，和平和发展逐渐取代战争和革命，成为时代的主要问题和突出特点了。国际形势的变化主要表现在以下几个方面。

第一，上百个殖民地半殖民地国家在二战之后，通过包括武装斗争在内的民族民主解放运动，相继获得了主权独立，并在此基础上成立了诸如东南亚国家联盟、非洲统一组织、七十七国集团等游离于两大阵营之外的第三世界国家的国际组织，兴起了不结盟运动。对于这些新独立国家来说，最急迫的任务已由争取独立变为争取和平和谋求发展。

第二，苏联在二战之后，经济和军事实力获得迅速提升，逐渐成为和美国并驾齐驱的世界超级大国。它们之间对世界霸权的争夺，一方面给和平造成了严重威胁，另一方面又造成了某种程度的战略均势，促使双方都不敢

---

① 转引自《毛泽东年谱（1949－1976）》第 6 卷，中央文献出版社，2013，第 240 页。

贸然发动战争，从而使世界和平的势头有所上升，而战争的急迫性有所下降。

第三，西方资本主义国家在二战之后，由于本国工人阶级的不断斗争，也由于社会主义国家计划经济、企业民主管理和福利制度的巨大影响，以及通过与发展中国家进行不平等交易而获取大量财富，科技革命带来生产力进一步发展，等等，其在经济和政治方面作出不少自我调整。例如，法人资本所有制逐渐取代私人股份资本所有制成为居主导地位的资本所有制形式，一些基础设施和公共事业部门还出现国家资本所有制；许多企业开始让职工持股、职工参与决策，并实行对职工的终身雇佣制；大公司的资本所有权与经营权相互分离，拥有所有权的资本家不再直接经营和管理企业，而是聘用职业经理人经营和管理；在维持市场机制对资源配置基础性作用的前提下，加大国家对经济干预的力度，通过制定并实施《反垄断法》以维持公平竞争，加强对个人所得税、遗产税的征收以调节收入分配，并建立社会福利制度；国家权力更多地向政府首脑集中，同时扩大政党、团体、公民的权利，加强法制的作用；等等。所有这些措施，一定程度上缓和了资本主义国家内部生产过剩与消费不足,以及无产阶级与资产阶级的矛盾,减轻了经济危机震荡的幅度,促进了生产力的进一步发展,相应使无产阶级革命的形势有所低落。

第四,自 20 世纪 70 年代开始,西方资本主义国家进行了以美元与黄金脱钩、废除固定汇率制、允许资本在国际范围自由流动为主要内容的金融改革,以及以发展金融、高科技等服务业和减少高耗能、高污染产业为主要内容的产业结构调整,使发展中国家得到了从发达国家吸引投资、引进设备的机遇,同时也引起了发展中国家与发达国家之间在经济领域的博弈,进一步增强了发展中国家要求和平和发展的呼声。

第五,自 20 世纪 50 年代以来,苏联、东欧等社会主义国家陆续实行经济改革,中间几经起落,在七八十年代达到高潮。中国从 70 年代末也开始了经济体制改革,并带动亚洲的一些社会主义国家和古巴进行改革。这些改革虽然后来有一些走上了改旗易帜的邪路,但客观上加大了和平和发展在国际问题上的分量。

正是鉴于国际形势的以上变化,邓小平在 20 世纪 80

年代初作出了和平和发展是当今世界两大突出问题的论断。从已知材料看,他第一次提出这个观点,是在1984年5月17日会见外宾的时候。他说:"我看世界现在存在两个最根本的问题。第一是反对霸权主义,维护世界和平。……第二是南北问题。这是今后国际问题中一个十分重要的方面"。① 接着,他在5月29日更加明确地指出:现在世界上问题很多,有两个比较突出。一是和平问题,二是南北问题。解决和平问题要反对霸权主义和强权政治,解决南北问题要靠南北对话,同时还要加强南南合作。② 此后,他对这个问题的论述越来越清晰。例如,他说:"现在世界上真正大的问题,带全球性的战略问题,一个是和平问题,一个是经济问题或者说发展问题。和平问题是东西问题,发展问题是南北问题。概括起来,就是东西南北四个字。南北问题是核心问题。"③再往后,他从对国际形势的新判断,引申到我国对外政策的新变化,

---

① 《邓小平年谱(1975-1997)》(下),中央文献出版社,2004,第974页。
② 《邓小平文选》第3卷,人民出版社,1993,第56页。
③ 《邓小平文选》第3卷,人民出版社,1993,第105页。

指出，"粉碎'四人帮'以后，特别是党的十一届三中全会以后，我们对国际形势的判断有变化，对外政策也有变化"。"过去我们的观点一直是战争不可避免，而且迫在眉睫。我们好多的决策，包括一、二、三线的建设布局，'山、散、洞'的方针在内，都是从这个观点出发的。这几年我们仔细地观察了形势，认为……在较长时间内不发生大规模的世界战争是有可能的，维护世界和平是有希望的。根据对世界大势的这些分析，以及对我们周围环境的分析，我们改变了原来认为战争的危险很迫近的看法。"①

从邓小平的上述论述可以看出，我们党对国际形势主要问题的新判断，是决定实行改革开放政策、开辟中国特色社会主义道路的重要依据之一，也是反复强调抓住机遇、加快发展的重要原因之一。正是根据邓小平的论断，党中央在后来的正式文件中，有时把和平和发展概括为时代的两大问题，有时表述为主题、课题或特征，这些意思都差不多。所以，党的十七大报告中所说的中国特

---

① 《邓小平文选》第 3 卷，人民出版社，1993，第 126～127 页。

色社会主义之所以完全正确，"关键在于我们既坚持了科学社会主义的基本原则，又根据我国实际和时代特征赋予其鲜明的中国特色"，其中的"时代特征"，只能是指和平和发展在当今较长一个时期的国际形势中已成为两个突出问题的特点。

（三）资本主义向社会主义过渡的时代性质与和平和发展的时代特征共同构成坚持中国特色社会主义的时代依据

既然时代特征与时代性质不是一回事，既然不能用对时代性质的判断代替对某个时期时代特征的判断，也不能用对某个时期时代特征的判断代替对时代性质的判断，那么，和平和发展成为当今时代的特征就只能表明帝国主义时代或资本主义向社会主义过渡时代中一个时期内国际形势的特点，而不表明当今时代已变成和平和发展的时代了。当今时代的性质究竟是什么？还是不是帝国主义时代或资本主义向社会主义过渡的时代？回答这个问题，要根据马克思主义理论和党中央的有关论述，也要根据当代资本主义和世界社会主义运动的实际情况。

习近平总书记强调："中国特色社会主义是社会主义

而不是其他什么主义,科学社会主义基本原则不能丢,丢了就不是社会主义。"①就是说,中国特色社会主义说到底是社会主义。既然是社会主义,根据马克思主义关于人类社会生产方式和社会形态由低向高依次更替的理论,这种生产方式和社会形态就不可能产生于封建时代,也不可能在资本主义早期社会里出现,而只能在资本主义由自由竞争进入垄断阶段或帝国主义时代后产生并立足。如果说垄断资本主义或帝国主义时代尚未来临,或者说这个时代已经过去了,那岂不等于说社会主义是"早产儿",或者说它将要"胎死腹中"?这种看法显然既不符合马克思主义的理论,也不符合客观实际。

马克思说过:"无论哪一个社会形态,在它所能容纳的全部生产力发挥出来以前,是决不会灭亡的;而新的更高的生产关系,在它的物质存在条件在旧社会的胎胞里成熟以前,是决不会出现的。"②他和恩格斯之所以指出社会主义必将代替资本主义,就是因为他们充分论证了资

---

① 《十八大以来重要文献选编》(上),中央文献出版社,2014,第109页。

② 《马克思恩格斯选集》第2卷,人民出版社,2012,第3页。

本主义社会腹中已为社会主义生产方式孕育了成熟物质条件的事实。后来,列宁进一步指出资本主义进入垄断阶段或世界进入帝国主义时代后,为一国或少数国家的无产阶级革命先行取得胜利和率先建设社会主义提供了新的物质条件。可见,世界进入资本主义时代,特别是资本主义进入垄断阶段,是人类向社会主义过渡的前提;而社会主义社会的存在,反过来证明了我们今天所处的时代,依然是帝国主义或资本主义向社会主义过渡的时代。

第二次世界大战后,西方资本主义国家虽然在生产关系上进行了自我调整,推动了生产力的发展,但资本主义进入垄断阶段即帝国主义时代的几个基本特征,实质上并没有改变,有的还更加突出了。例如,垄断组织在经济生活中的作用更大了,产业资本与金融资本的融合程度更高了,资本输出的速度更快了,国际性的垄断组织更多了。据统计,1960 年国际直接投资仅为 680 亿美元,而1996 年猛增到 3.2 万亿美元,增长 46 倍。20 世纪 90 年代后期,全球每天外汇交易额高达 1.5 万亿美元,而现实需求顶多只有 300 亿美元,其余绝大多数的交易纯粹是金融投机。跨国公司从 20 世纪 50 年代起开始发展,90

年代出现跨国兼并的浪潮,达到3.7万家。而1997年,跨国公司仅母公司就有5.3万家,遍布世界各国的附属公司约有45万家;就连许多与新兴产业、服务业有关的中小型企业,也开始走向跨国经营。那一年,跨国公司对外直接投资存量为3.5万亿美元,海外附属企业总资产为13万亿美元;全球货物和服务销售额为8.5万亿美元,超过了当年全球贸易额;对外出口2万亿美元,占全球出口贸易的三分之一,而全球出口额的另外三分之一也与跨国公司的业务有关。再如,西方发达国家虽然已基本不再拥有殖民地,但通过以布雷顿森林体系为核心的国际金融体制和以关贸总协定为核心的国际贸易体系,控制了国际经济秩序,并利用金融、科技的优势地位和国际经济规则的制定权,剥削发展中国家的廉价劳动力,掠夺性开发发展中国家的自然资源,向发展中国家转移严重污染环境的产业。伴随经济扩张,它们还向发展中国家推销新自由主义、"国家主权弱化论"和所谓"政治民主化",实行新干涉主义。[①]

---

① 以上数字均引自高德步《世界经济史》,高等教育出版社,2005。

西方发达国家垄断资本的进一步发展,特别是由国家垄断向国际垄断的进一步发展,加剧了资本主义生产社会化与生产资料私人占有之间的基本矛盾。例如,二战以后,经济危机的周期、程度、范围、影响虽然有所变化,但并没有消失。世界性经济危机从 20 世纪 50 年代算起,至今至少发生过六次;而且从 2008 年开始的全球性金融危机,到现在仍然没有完全过去。再如,西方资本主义国家虽然采取了加大税收力度等方法对收入分配进行调节,但不仅国内财富进一步两极分化,而且发达国家与发展中国家的贫富差距也在进一步扩大。统计显示,自 20 世纪 70 年代以后的近 30 年里,美国普通家庭收入并没有明显增加,但占人口 0.1% 的富人收入增长了 4 倍。另据美国乐施会 2013 年报告,最近 20 年,全球 1% 最富者的收入增加了 60%,其中最富有的 200 人所拥有的财富,远远多于最穷的 35 亿人的财富总和。仅过一年,乐施会就将这一对比中的最富有人数由 200 人减成 85 人。报告说,这 85 名亿万富翁平均每天增长财富 6.68 亿美元。另外,2009 年全球有 10 亿美元财富的人为 793 人,仅过 5 年,人数便激增到 1645 人,翻了一番多。2015

年,瑞士信贷银行报告说:"自 2008 年以来,财富不平等加剧,顶层 1% 的财富所有者拥有全球总财富的 50%。"①近几十年来,西方发达国家服务业就业人数虽然越来越多,而从事体力劳动的蓝领工人越来越少,但据美国盖洛普咨询公司的调查,在美国自称"工人阶级"的人,2000年为 33%,2016 年却上升到 48%。②亿万富翁沃伦·巴菲特 2011 年不无得意地说:"阶级斗争持续了 20 年,我所在的阶级胜利了。"③

既然帝国主义的基本特征没有改变,为什么党中央文件中很长时间以来不再出现帝国主义这个词了呢?我认为,这种情况与国际形势和我们对外政策的变化有关,并不表明我们党改变了对帝国主义的看法。只要稍微留意就会发现,自从改革开放以后,我们党和政府报告中对帝国主义的称呼就基本用霸权主义、强权政治等词代替了。讲霸权主义、强权政治,实际讲的就是帝国主义。这一点,我们从邓小平著作中可以看得很清楚。比如,他讲

① 《参考消息》2015 年 10 月 15 日。
② 《参考消息》2016 年 3 月 25 日。
③ 《参考消息》2014 年 11 月 9 日。

过:"强权政治在升级,少数几个西方发达国家想垄断世界"。① "现在西方七国首脑会议也是霸权主义、强权政治。中国平息暴乱后,七国首脑发表宣言制裁中国,他们有什么资格! 谁给他们的权力! ……他们那一套人权、自由、民主,是维护恃强凌弱的强国、富国的利益,维护霸权主义者、强权主义者利益的。"②但有时,他也把霸权主义和帝国主义合在一起用,有时还直接使用帝国主义这个词。例如,他指出:"霸权主义和帝国主义总是欺侮包括非洲国家在内的发展中国家,经常干预这些国家为摆脱控制、发展经济、争取政治独立与自主所作的努力。"③ "整个帝国主义西方世界企图使社会主义各国都放弃社会主义道路,最终纳入国际垄断资本的统治,纳入资本主义的轨道。"④明白了这一点,再来看中央文件讲的"中国反对各种形式的霸权主义和强权政治",其内涵所指就一目了然了。

---

① 《邓小平文选》第 3 卷,人民出版社,1993,第 329 页。
② 《邓小平文选》第 3 卷,人民出版社,1993,第 345 页。
③ 《邓小平文选》第 3 卷,人民出版社,1993,第 289 页。
④ 《邓小平文选》第 3 卷,人民出版社,1993,第 311 页。

帝国主义时代产生的两大问题,即战争和革命,在和平和发展成为时代主要问题的情况下是否还存在呢? 对此,我们首先应当看看邓小平在阐述和平和发展是世界两个突出问题时是怎么说的。只要看一下邓小平的著作就会知道,他在指出我们改变了原来认为战争危险很迫近的看法时,总是强调"战争危险仍然存在,仍要提高警惕";①强调要靠反对帝国主义、霸权主义来维护世界和平。他指出:"如果反霸权主义斗争搞得好,可以延缓战争的爆发,争取更长一点时间的和平。"②其次,我们还要看看邓小平作出和平和发展是当今世界两大问题的论断以来,世界上都发生了哪些大事。只要回顾一下近30年来的世界局势就会发现,帝国主义直接发动的对发展中国家的侵略战争从来就没有停止过。例如,武力肢解南斯拉夫,攻打伊拉克,轰炸利比亚和叙利亚政府军,等等。即使发展中国家之间发生的战争,背后也都有帝国主义的影子。正如邓小平所说:"不发达国家之间的战争,实

---

① 《邓小平文选》第3卷,人民出版社,1993,第82页。
② 《邓小平文选》第3卷,人民出版社,1993,第241页。

际上是发达国家的需要。发达国家欺侮落后国家的政策没有变。"①另外,现在帝国主义对社会主义国家虽然不再像十月革命之后和新中国成立之后那样,采取军事侵略的方式加以干涉,但对中国等社会主义国家的军事威胁和挑衅没有停止过。谁都明白,今天东海、南海的局势,说到底是美国明里暗里起作用的结果。它们不断增加军费开支,加强海外军事基地,扩大北约势力范围,加紧研制和部署新式武器。所有这些不是为发动战争做准备和进行战争讹诈,又是为了什么呢? 针对这个现实,邓小平在 1990 年曾尖锐指出:"和平与发展两大问题,和平问题没有得到解决,发展问题更加严重。"②我们今天加强军事斗争的准备,也正是从这个实际出发的。

还有一点应当看到,就是帝国主义国家近些年对中国等社会主义国家虽然没有进行武装侵略,但通过和平演变的办法妄图颠覆、分裂社会主义国家的活动也一刻没停止过。陈云在北京政治风波之后指出:"列宁论帝国主义的五

---

① 《邓小平文选》第 3 卷,人民出版社,1993,第 319 页。
② 《邓小平文选》第 3 卷,人民出版社,1993,第 353 页。

大特点和侵略别国、互相争霸的本质，是不是过时了？我看，没有过时。……从历史事实看，帝国主义的侵略、渗透，过去主要是'武'的，后来'文'、'武'并用，现在'文'的（包括政治的、经济的和文化的）突出起来，特别是对社会主义国家搞所谓的'和平演变'。那种认为列宁的帝国主义论已经过时的观点，是完全错误的，非常有害的。"①八天之后，邓小平在会见外宾时也指出："美国现在有一种提法：打一场无硝烟的世界大战。我们要警惕。资本主义是想最终战胜社会主义，过去拿武器，用原子弹、氢弹，遭到世界人民的反对，现在搞和平演变。"②他还说："我希望冷战结束，但现在我感到失望。可能是一个冷战结束了，另外两个冷战又已经开始。一个是针对整个南方、第三世界的，另一个是针对社会主义的。"③这个事实同样说明，对世界和平的潜在威胁并没有解除。我们在坚定不移走和平发展道路的同时，必须对霸权主义和强权政治的军事威胁和渗透、颠覆活动保持高度警惕。

----

① 《陈云文选》第 3 卷，人民出版社，1995，第 370 页。
② 《邓小平文选》第 3 卷，人民出版社，1993，第 325～326 页。
③ 《邓小平文选》第 3 卷，人民出版社，1993，第 344 页。

既然和平和发展已成为当今世界的主要问题,世界社会主义运动是否会从此消失呢? 自 20 世纪 80 年代末 90 年代初苏东剧变之后,世界社会主义运动确实进入了低潮。但这并不等于世界社会主义运动就失败了、终结了,也不意味着它今后就不会再有高潮了。首先,占当代世界人口五分之一的中国,仍然在坚持社会主义制度。其次,除了中国,还有一些国家在坚持社会主义道路;除了中国共产党,还有 100 多个国家,包括前苏联一些加盟共和国在内的 130 多个工人阶级政党(合计 1800 多万党员),或保持着共产党的名称,或坚持着共产主义的方向,其中近 30 个党还在执政或参政。再次,西方发达国家的工人运动虽然不如 20 世纪初期和中叶那样高涨,但抗议资本家剥削的罢工、游行、示威仍然遍布欧美,接连不断。例如,1999 年,来自世界各地的 4 万人集中到美国西雅图,反对全球化,打出"全球化是少数人的全球化""是资本主义全球化"的口号,捣毁了被视为全球化象征的麦当劳快餐店,并与警察发生激烈冲突。再如,2011 年,上千示威者在美国纽约发起"占领华尔街"运动,打出"我们是99%"的口号,反对美国政治的权钱交易和社会的不公正,运动持续了近两个月,最终由警察强制清场。这一运动曾席卷美国,有的城市甚至酿成流血冲突。最后,2008年以来,随着资本主义危机对美国等发达国家实力的削弱,以及中国特色社会主义影响力的增强,发展中国家反对发达国家经济侵略、政治干涉、文化渗透的斗争正在不断发展。这些动向加在一起,可以看出世界社会主义运动经受住了严峻考验,正在走出低谷。回想当年中国的新民主主义革命,也曾经有过几次低潮,但每次过后都迎来了高潮,并最终取得了胜利。今天西方发达国家还可以依赖经济全球化和对发展中国家的剥削来缓和国内的阶级矛盾,然而一旦发展中国家加强了团结,增强了实力,进一步抵制西方发达国家的剥削,它们的国内矛盾必然加剧。因此,有朝一日,世界社会主义运动同样会由低潮走向高潮。邓小平在南方谈话中强调:"历史唯物主义揭示了人类社会发展的规律。封建社会代替奴隶社会,资本主义代替封建主义,社会主义经历一个长过程发展后必然代替资本主义。这是社会历史发展不可逆转的总趋势,但道路是曲折的。从一定意义上说,某种暂时复辟也是难以完全避免的规律性现象。一些国家出现严重曲折,社会主义好像被削弱了,但人民经受锻炼,从中吸收教训,将促使社会主义向着更加健康的方向发展。因此,不要惊慌失措,不要认为马克思主义就消失了,没用了,失败了。哪有这回事!"①

综上所述,和平和发展虽然是当前国际形势的突出问题,表现为当今的时代特征,但时代的性质并没有变,仍然是帝国主义或资本主义向社会主义过渡的时代。这是走中国特色社会主义道路最为根本的时代依据。我们坚持这条道路,既是顺应当今时代和人类历史发展的总趋势,也是时代新特点的体现,是对时代新要求的回应、对时代新条件的利用。

新中国成立至今的60多年里,经历了改革开放前后两个历史时期。改革开放前,我国人民在共产党领导下完成了新民主主义革命,进行了社会主义改造,确立了社会主义基本制度,开展了轰轰烈烈的社会主义建设,对社会主义道路进行了艰辛探索,从而为当代中国一切发展进步奠定了根本政治前提、制度基础和物质基础。改革开放后,我们党带领人民继承和发展我国社会主义建设实践探索的成果,

---

① 《邓小平文选》第3卷,人民出版社,1993,第382~383页。

确立了社会主义初级阶段的基本理论、基本纲领、基本路线,回答了建设中国特色社会主义的一系列基本问题,实现了由高度集中的计划经济体制向充满活力的社会主义市场经济体制的历史性转变,使一切创造社会财富的源泉得到充分涌流,使我国经济总量由世界第十位跃升到世界第二位,使中华民族大踏步赶上了时代进步的潮流,迎来了伟大复兴的光明前景。这些充分说明,中国特色社会主义不仅符合时代前进的大方向,也符合中国的实际情况。

当前,面对国际国内形势的深刻变化,以习近平同志为总书记的党中央对中国特色社会主义道路的时代性问题作了更加深入全面的阐述。习近平总书记指出:"事实一再告诉我们,马克思、恩格斯关于资本主义社会基本矛盾的分析没有过时,关于资本主义必然消亡、社会主义必然胜利的历史唯物主义观点也没有过时。这是社会历史发展不可逆转的总趋势"。① 因此,"不论怎么改革、怎么开放,我们都始终要坚持中国特色社会主义道路、中国特

---

① 《十八大以来重要文献选编》(上),中央文献出版社,2014,第117页。

色社会主义理论体系、中国特色社会主义制度"。① 同时，他又指出："资本主义最终消亡、社会主义最终胜利，必然是一个很长的历史过程。我们要深刻认识资本主义社会的自我调节能力，充分估计到西方发达国家在经济科技军事方面长期占据优势的客观现实"。② 尽管天下还很不太平，但"国际力量对比继续朝着有利于世界和平与发展的方向发展"，③和平与发展仍然是时代的主题。因此，要有很强的战略定力，紧紧抓住和充分利用仍然可以大有作为的重要战略机遇期，坚定不移走和平发展道路。他强调，我们要"认真做好两种社会制度长期合作和斗争的各方面准备"，"同生产力更发达的资本主义长期合作和斗争……认真学习和借鉴资本主义创造的有益文明成果"；"坚决抵制抛弃社会主义的各种错误主张，自觉纠正超越阶段的错误观念"；"集中精力办好自己的事情，不断

① 《十八大以来重要文献选编》(上)，中央文献出版社，2014，第 110 页。
② 《十八大以来重要文献选编》(上)，中央文献出版社，2014，第 117 页。
③ 《习近平谈治国理政》，外文出版社，2014，第 272 页。

壮大我们的综合国力,不断改善我们人民的生活,不断建设对资本主义具有优越性的社会主义,不断为我们赢得主动、赢得优势、赢得未来打下更加坚实的基础。"①我们完全有理由相信,只要坚持从中国国情出发,顺应时代发展潮流,协调推进"四个全面"战略布局,中国特色社会主义的道路就一定会越走越宽广,对人类进步事业就一定会作出更大贡献。

① 《十八大以来重要文献选编》(上),中央文献出版社,2014,第117页。

五 中国特色社会主义道路的长期性及其前进方向问题

(一)对社会主义社会的长期性有一个认识过程

习近平总书记在2013年的"一五"讲话中指出:"中国特色社会主义是社会主义而不是其他什么主义,科学社会主义基本原则不能丢,丢了就不是社会主义。"[1]可见,中国特色社会主义说到底是社会主义,我们要弄清楚中国特色社会主义长期性和前进方向的问题,首先要弄清楚社会主义的长期性和前进方向的问题。

马克思、恩格斯在把空想社会主义变成科学社会主义的同时还指出,"在资本主义社会和共产主义社会之间,有一个从前者变为后者的革命转变时期。"[2]这个时期被称为共产主义的第一阶段或社会主义社会。为什么会有这个社会呢? 他们解释说,因为这个社会"是刚刚从资本主

---

[1] 《十八大以来重要文献选编》(上),中央文献出版社,2014,第109页。

[2] 《马克思恩格斯选集》第3卷,人民出版社,2012,第373页。

义社会中产生出来的,因此它在各方面,在经济、道德和精神方面都还带着它脱胎出来的那个旧社会的痕迹"①。在这个社会里,消费资料的分配虽然已经不再按资本量来分配,但还只能是按劳动量分配,而不能按需分配。

然而,这个社会主义社会的时间大约有多长? 里面还有没有不同的阶段? 如果有,不同阶段如何划分? 对这些问题,马克思、恩格斯并没有讲。在此后的社会主义运动实践中,人们也一直不很清楚,而且普遍存在把这个社会的时间看短的倾向。例如,列宁就说过,他那时的年轻人再过 10 年 20 年就会生活在共产主义社会。后来,他承认在这个问题上犯了错误,因此实行了新经济政策。后来,斯大林在 1936 年宣布建成了社会主义,1938 年即提出 5 年内从社会主义过渡到共产主义。可卫国战争结束后,他又在 1952 年说,苏联已处在从社会主义过渡到共产主义的时期。对此,赫鲁晓夫说得更加绝对,提出从 1959 年算起,12 年内(即 1971 年)达到共产主义;在苏共二十一大甚至宣布苏联已进入全面开展

① 《马克思恩格斯选集》第 3 卷,人民出版社,2012,第 363 页。

共产主义建设的时期。他的继任者虽然对这种过于冒失的言论进行了纠正,但仍然提出苏联已处于建设发达社会主义的时期。

新中国成立后,同样碰到了如何看待社会主义和共产主义的问题。1958 年"大跃进"高潮中,"左"的急于求成的思想占了上风。所谓急于求成,其中一"急",是急于提高经济建设速度、增加产品数量、实现"超英赶美";还有一"急",就是急于进入共产主义。那时有的文件说:"共产主义在我国的实现已经不是什么遥远将来的事情了";有的文件甚至提出,在第三个五年计划以前(即 1967年)进入共产主义。上面急,下面更急。有的县提出"2年进入共产主义","大战 200 天进入共产主义"。后来,随着共产风、浮夸风等问题的暴露,毛泽东和中央其他领导的头脑逐渐冷静下来。在 1958 年底的中央工作会议(即第一次郑州会议)上,毛泽东说:"现在有一种偏向,好像共产主义越快越好。实行共产主义是要有步骤的。"[1]

---

[1] 《中国共产党历史第二卷(1949 – 1978)》(下),中共党史出版社,2011,第 511 页。

会议决议明确指出，"现阶段仍处在社会主义社会"。① 在接着召开的八届六中全会（即武昌会议）上，毛泽东又说："我们现在是一穷二白，五亿多农民人均年收入不到八十元，是不是穷得要命？我们现在吹得太大了，我看是不合事实，没有反映客观实际。"②1959年底他在小范围里甚至说："社会主义这个阶段，又可分为两个阶段，第一个阶段是不发达的社会主义，第二个阶段是比较发达的社会主义。"③然而，他对这个思想没有能很好发挥。

后来，毛泽东指出，"社会主义社会是一个相当长的历史阶段"。但是，第一，他在时间估计上，前后说法差距比较大。比如，1962年，他在修改党的八届十中全会公报时说："这个时期需要几十年，甚至更多的时间。"④1964

① 《中国共产党历史第二卷（1949－1978）》（下），中共党史出版社，2011，第513页。
② 《中国共产党历史第二卷（1949－1978）》（下），中共党史出版社，2011，第515页。
③ 《中国共产党历史第二卷（1949－1978）》（下），中共党史出版社，2011，第566页。
④ 《建国以来毛泽东文稿》第10册，中央文献出版社，1992，第196页。

年,他在修改"九评"时又说:"几十年内是不行的,需要一百年到几百年的时间才能成功。在时间问题上,与其准备短些,宁可准备长些"。① 第二,他对时间估计无论长短,都是针对阶级斗争讲而不是针对生产力发展讲的。第三,从1974年关于理论问题的谈话中看,他所强调的社会主义社会的问题,重点是讲商品制度、八级工资制中包含"资产阶级权利",要求"要在无产阶级专政下加以限制"②。马克思在《哥达纲领批判》中讲得很清楚,在社会主义社会,消费资料的分配虽然不再按资本而是按劳动量来分配,但"这里通行的是商品等价物的交换中通行的同一原则,即一种形式的一定量劳动同另一种形式的同量劳动相交换"。就是说,这还是资本主义社会的原则,即资产阶级权利。然而,"这些弊病,在经过长久阵痛刚刚从资本主义社会产生出来的共产主义社会第一阶段,是不可避免的。权利决不能超出社会的经济结构

① 《建国以来毛泽东文稿》第11册,中央文献出版社,1992,第102页。
② 《建国以来毛泽东文稿》第13册,中央文献出版社,1992,第413页。

以及由经济结构制约的社会的文化发展"。要完全超出按劳分配这种"资产阶级权利的狭隘界限",只有等生产力进一步提高、"集体财富的一切源泉都充分涌流之后",等"劳动已经不仅仅是谋生的手段,而且本身成了生活的第一需要之后"。① 可见,毛泽东虽然重视马克思关于社会主义社会仍存在资产阶级权利的论述,提出要"加以限制",但究竟怎么限制,限制到什么程度,都没有讲清楚,这就为极左思想超越阶段,搞平均主义留下了空间。

通过对世界社会主义运动中种种教训的思考,邓小平在改革开放后正确指出:"什么叫社会主义,什么叫马克思主义? 我们过去对这个问题的认识不是完全清醒的。马克思主义最注重发展生产力。我们讲社会主义是共产主义的初级阶段,共产主义的高级阶段要实行各尽所能、按需分配,这就要求社会生产力高度发展,社会物质财富极大丰富。所以社会主义阶段的最根本任务就是发展生产力,社会主义的优越性归根到底要体现在它的

---

① 《马克思恩格斯选集》第 3 卷,人民出版社,2012,第 363~365 页。

生产力比资本主义发展得更快一些、更高一些,并且在发展生产力的基础上不断改善人民的物质文化生活。"①他的这一论述,是对改革开放前我们党一度超越发展阶段的思想的纠正。

社会主义社会的定义是否只有发展生产力这一条呢? 也不是。发展生产力是社会主义的根本任务,但它并不是社会主义的原则,不是区分社会主义与资本主义的标志。如果不这样看问题,会走到另一个极端,滑入"唯生产力论"。什么是社会主义的根本原则呢? 邓小平说:"一个公有制占主体,一个共同富裕,这是我们所必须坚持的社会主义的根本原则。"②他还说:"社会主义有两个非常重要的方面,一是以公有制为主体,二是不搞两极分化。"③经过进一步思考,邓小平在 1992 年提出了社会主义本质论,指出:"社会主义的本质,是解放生产力,发展生产力,消灭剥削,消除两极分化,最终达到共同富

① 《邓小平文选》第 3 卷,人民出版社,1993,第 63 ~ 64 页。
② 《邓小平文选》第 3 卷,人民出版社,1993,第 111 页。
③ 《邓小平文选》第 3 卷,人民出版社,1993,第 138 页。

裕。"①可以看出,他的这个定义是为了把什么是社会主义的问题说得更全面更稳妥一些,实际上是把社会主义的根本任务和根本原则放在了一起。当然,对这个问题的认识还没有完结,还需要根据实践继续深化。

(二)对中国社会主义社会仍处于并将长期处于初级阶段的判断是中国特色社会主义社会长期性的根据

现在更需要我们弄清楚的问题在于什么是中国特色社会主义,或者说建设什么样的中国特色社会主义,怎样建设中国特色社会主义。什么是社会主义的问题同这个问题之间,虽然有直接的关联,然而并不完全是一个问题,不等于弄清楚了什么是社会主义,就自然而然地弄清楚了什么是中国特色社会主义。社会主义是带有普遍性的概念,而中国特色社会主义则是社会主义普遍原则与中国具体情况相结合的产物,因此是一个带有特殊性的概念。

中国特色社会主义道路早在党的十一届三中全会之后就开辟出来了,但"建设有中国特色社会主义"这个概念,直到党的十二大才由邓小平正式提出。但是,十二大

---

① 《邓小平文选》第 3 卷,人民出版社,1993,第 373 页。

报告未能对这个概念的内涵作出解释。十三大到十六大历次党的代表大会的报告虽然对中国特色社会主义的概念分别下了定义,也作了扩充和阐述,但也未能用明确的语言对它的内涵加以概括。

对中国特色社会主义道路和中国特色社会主义理论体系给出完整表述的是党的十七大报告。报告指出:"中国特色社会主义道路,就是在中国共产党领导下,立足基本国情,以经济建设为中心,坚持四项基本原则,坚持改革开放,解放和发展生产力,巩固和完善社会主义制度,建设社会主义市场经济、社会主义民主政治、社会主义先进文化、社会主义和谐社会,建设富强民主文明和谐的社会主义现代化国家。"在此基础上,党的十八大对中国特色社会主义道路的概念作了进一步丰富,增加了建设"社会主义生态文明"和"促进人的全面发展、逐步实现全体人民共同富裕"等内容。十八大报告还进一步明确了中国特色社会主义对于发展当代中国、建设社会主义现代化国家的重要意义,指出:"中国特色社会主义是当代中国发展进步的根本方向,只有中国特色社会主义才能发展中国";对于建设社会主义现代化国家,"中国特色社会主义道路是实现途径,中国特色社会主义理论体系是行动指南,中国特色社会主义制度是根本保障"。尤其报告在关于中国特色社会主义根本原则的阐述中,增加了共同富裕这一条,指出"共同富裕是中国特色社会主义的根本原则"。

以上过程说明,对中国特色社会主义的认识并不是一步到位的,而是随着实践的发展逐步清晰、不断丰富、日趋完善的。正如党的十八大报告所说:"实践发展永无止境,认识真理永无止境,理论创新永无止境。"因此,我们对中国特色社会主义的认识仍然没有完结,还需要随着新的实践对它不断加以深化。

对中国特色社会主义概念有了基本清晰的认识,那么这个社会的时间究竟会有多长呢?要回答这个问题,离不开对社会主义初级阶段的认识。"社会主义初级阶段"这个提法,最早出现在《关于建国以来若干历史问题的决议》中,不过当时没有加以发挥。后来,党的十三大报告对此作了阐述,指出这是"我们制定和执行正确的路线和政策的根本依据"。报告说:社会主义初级阶段"这个论断,包括两层含义。第一,我国社会已经是社会主义社会。我们必须坚持而不能离开社会主义。第二,我国的社会主义社会还处在初级阶段。我们必须从这个实际出发,而不能超越这个阶段"①。由此可见,我们党在由资本主义向共产主义过渡的社会主义历史阶段中,又划分出了一个社会主义的初级阶段。中国特色社会主义从一定意义上讲,就是初级阶段的社会主义。中国特色社会主义社会的时间长度,取决于社会主义初级阶段的长度。社会主义初级阶段有多长,中国特色社会主义社会就有多长。

对于社会主义初级阶段,党的十五大报告在十三大报告的基础上,进一步作出了规范性的表述,指出:"社会主义初级阶段,是逐步摆脱不发达状态,基本实现社会主义现代化的历史阶段;是由农业人口占很大比重、主要依靠手工劳动的农业国,逐步转变为非农业人口占多数、包含现代农业和现代服务业的工业化国家的历史阶段;是由自然经济半自然经济占很大比重,逐步转变为经济市场化程度较高的历史阶段;是由文盲半文盲人口占很大比重、科技教育文化落后,逐步转变为科技教育文化比较

---

① 《十三大以来重要文献选编》(上),人民出版社,1991,第9页。

发达的历史阶段;是由贫困人口占很大比重、人民生活水平比较低,逐步转变为全体人民比较富裕的历史阶段;是由地区经济文化很不平衡,通过有先有后的发展,逐步缩小差距的历史阶段;是通过改革和探索,建立和完善比较成熟的充满活力的社会主义市场经济体制、社会主义民主政治体制和其他方面体制的历史阶段;是广大人民牢固树立建设有中国特色社会主义共同理想,自强不息,锐意进取,艰苦奋斗,勤俭建国,在建设物质文明的同时努力建设精神文明的历史阶段;是逐步缩小同世界先进水平的差距,在社会主义基础上实现中华民族伟大复兴的历史阶段。"①从这个表述看,社会主义初级阶段也不是短时间可以结束的,同样是一个相当长的历史阶段。

党的十三大、十五大在强调我国仍处于社会主义初级阶段的时候,中国的 GDP 尚处于世界第五、第六位。然而,现在中国 GDP 已超过日本,位居世界第二。在这种情况下,是否还能说我国仍处于并将长期处于社会主义初

---

① 《十五大以来重要文献选编》(上),人民出版社,2000,第 15 ~ 16 页。

级阶段呢？换句话说，为什么现在还不能讲我国已经实现了工业化、现代化，已经成了一个发达国家呢？我认为，原因有以下五点。

1. 按人均计算，我国各项发展指标还都偏低

我国目前有 13.6 亿人。任何一个数乘以 13 亿都会变得很大，相反，除以 13 亿也会变得很小。例如，2015 年中国国内生产总值虽然接近 11 万亿美元，但人均只有不到 8000 美元，只相当于全球人均水平的 70%，高收入国家人均水平的五分之一，在世界 213 个国家和地区仍位居 80 位左右，还不如许多发展中国家，例如，南非、毛里求斯、毛里塔尼亚、马来西亚、哈萨克斯坦、乌兹别克斯坦、墨西哥、智利、阿根廷等国。按照联合国开发计划署报告，中国的人文发展指数也排在第 91 位。许多工农业产品产量虽然位居世界前列，但按人均计算都偏低。例如，我国钢产量 2013 年已达到 8 亿多吨，占世界钢产量的一半，但人均产量只有 570 公斤，只相当于日本、韩国的一半多；中国的谷物产量 2014 年已达 5.6 亿吨，约占世界谷物产量的四分之一强，但人均产量只有 409 公斤，不到美国人均水平的一半。

2. 我国经济增长方式还比较粗放,结构还不够合理,发展中不平衡、不协调、不可持续的问题仍然很突出

首先,分配问题较大,城乡之间、东西部之间和高低收入人群之间的收入差别很大。国家统计局和国内外研究机构公布的中国基尼系数尽管不完全一样,有的还很不一样,但都超过了国际公认收入差距过大的警戒线0.4。城乡居民收入差距近几年尽管有所缩小,但仍然大于2.5∶1。尤其是农村贫困人口的绝对数量仍然很大。我国对农村贫困人口年收入的最低标准,曾先后制定过4个,1986年标准是人均206元人民币,2008年标准是1196元人民币(相当于每天0.4美元),2010年标准是2300元(相当于每天1美元),2014年标准是2800元(相当于每天1.22美元)。按照最后的标准,现在还有7000多万人没有脱贫。这比越南人口略少,但比斯里兰卡和尼泊尔人口加起来还多。如果按照世界银行贫困线日均1.25美元计算,我国贫困人口还要多一些。如果按它新近宣布的日均1.9美元计算,则我国贫困人口又要超过1亿。同时,我国社会保障体系也很不健全,保障水平也比较低。

其次,经济发展的质量和效益都不够高,劳动生产率

远低于发达国家,重复建设和中低端产能过剩的情况比较严重。例如,钢铁产业盲目设厂、恶性竞争,导致利润很低而债务很高,一方面产能大量闲置,另一方面每年还要从国外进口大量优质和特殊钢材。水泥、玻璃等产业的情况也大体类似。

最后,为经济增长付出的资源、环境、生态代价过大。我国人均耕地和水资源本来就少,仅为世界人均水平的二分之一和三分之一,随着城市化、工业化的高速发展,耕地、水资源和生态环境的压力会越来越大。2011 年,我国国内生产总值占世界的比重还不到 10%,而能源消费却占世界的 20%。2012 年,我国每形成 1 万美元国内生产总值,耗水 73 吨,每生产 1 公斤粮食耗水 1 吨,都大大高于世界平均水平。现在,人均二氧化碳排放量虽然低于发达国家,甚至低于世界人均数,绝对量却升至全球第一位,约占世界的四分之一。据监测,近 30 年来,我国流域面积超过 100 平方公里的 5 万条河流已消失一半多,剩下的 2.3 万条河流也有 40% 被污染,其中 20% 的河水完全不能饮用。空气和水污染造成的损失,相当于我国一年国内生产总值的 5.8%。土地污染问题也日趋严重,全国20%的耕地重金属含量超标。无论从自身利益还是全人类利益出发,我国都必须大力推行绿色经济。但是,要在环保上多投入,关停耗能和污染多的企业,这与发展工业、充分就业之间有矛盾;要继续促进粮食增产,主要靠提高单位面积产量,这与少用化肥、农药也会形成矛盾。所有这些对于尚处于工业化中后期阶段的中国来说,无疑都是一种发展的制约因素。

3. 我国科技创新能力还比较弱

目前,在全球出口市场占有率第一的产品数量排名中,我国有1500种左右,居于首位,其次才是德国、美国、日本等。但是,这些产品的核心技术、关键部件,大部分都不在中国人手里,制造这些产品的高端装备,大部分也要从国外进口。许多中外合资企业,生产在中国,技术却留在对方国内,使中国长期处于制造业的中低端,利润的大部分被他人拿走。就连服装、鞋帽等技术含量较低的消费品,很多专利、品牌也是别人的。农业中的优质种子和一些深加工产品的市场,也面临失守的危险。据统计,我国全社会研究与试验发展经费支出占国内生产总值的比重虽然已由2007年的1.4%提高到2015年的2.1%,

但仍然低于一些发达国家的水平。这不仅制约我国今天的发展,也影响今后发展的潜力。

4. 国内国际范围还不时出现一些对我国发展不利的因素

最近几年出现的对我国发展不利的问题有以下一些。首先,我国劳动年龄人口从 2011 年开始负增长。目前 14 岁以下人口比重已低于世界平均水平。同时,老龄人口占人口总数的比重持续增加,已高于世界平均水平。2014 年,60 岁以上人口超过 15%,65 岁以上人口达到 10%,80 岁以上的老人有 2000 多万,表明我国已进入老龄化社会。其次,劳动力工资提高较快,土地价格不断攀升,环境保护要求越来越严,使企业成本压力加大。为此,一些外资企业甚至国内资本开始向成本低的国家和地区转移。最后,2008 年爆发的国际金融危机和一些发达国家的债务危机,影响至今仍然没有完全消除和化解;世界经济低速增长的态势,短期之内仍然难以扭转;美国等发达国家出现的各种形式的保护主义不断抬头,增加了世界经济的不稳定、不确定因素,影响我国的外贸出口。这些情况都对我国经济和财政收入造成下行压力,给我国稳定物价和就业形势增加了难度。即使这场危机的影响完全消除了，今后世界经济中的这类或那类问题，仍然少不了。

5. 工业化、现代化的标准还会随着经济、科技的发展而不断提高

工业化、现代化本身是个动态的概念，其内涵随着人类经济与社会的不断发展而不断变化。自 18 世纪欧洲工业革命以来，工业化经历了机械化、电气化、数字化过程，进入 21 世纪以来，又出现了 3D 打印、物联网、云计算、机器人等智能化过程。有人称后一个过程是第四次工业革命，也有人说这是第三次工业革命的延续。但无论如何，每次革命都使那个时代的工业化标准相应有所提高。比如，在第一次革命时，工厂和交通工具使用蒸汽机就是工业化了，但到了第二次革命时，使用蒸汽机就不能再算作工业化的标志了。20 世纪 70 年代以来，出现了信息技术、太空技术、纳米科技、生物科技、新能源科技等，有人称之为信息时代、知识经济，或者叫后工业化等。在这种形势下，衡量一个国家是否实现了工业化，也不能不考虑这些技术给工业发展带来的新变化。例如，在计

算机技术被广泛应用的今天,如果我们在工业生产中还没有运用这种技术,即使工业产值在国民生产总值中占了主要位置,也很难说我们实现了工业化。再有,发达国家经济早在 20 世纪 60 年代末就进入了非工业化轨道,服务业在经济中所占比重不断上升,而工业比重持续下降。在这种情况下,看一个国家是否实现了工业化,也不能简单以工业在经济中的比重是否占大头为标准。例如,前些年我国工业增加值已占 GDP 的 50%,而美国却是 26%,不能因此就认为中国工业化程度高过了美国。现在,一些发达国家又提出再工业化,不过,这个工业化的内涵与原先相比也已大大不同了。总之,在当今时代,衡量一个国家的工业化水平仍然离不开工业在经济中的比重,但这个工业化应当与现代化相连,是现代化的工业化。按照这个观点,我国是否实现了工业化就不能用老标准,而要用最新的标准。所以,我们在 2020 年的奋斗目标只是基本实现工业化,最终实现工业化还有很长一段路要走。

　　以上说明,当代中国通过 60 多年特别是近 30 年的努力,虽然已经取得了巨大发展,综合国力大大增强,工业化程度大大提高,但距离当今世界的先进水平还有很大差距,即使已经取得的成绩也还有不够牢固的一面,要追上发达国家,道路仍很漫长。正是从这个实际出发,自进入21世纪后,党中央一直坚持认为,我国仍然处于并将长期处于社会主义初级阶段的基本国情没有变,仍然是世界上最大的发展中国家的国际地位没有变。因此,在当前乃至今后相当长时间里,经济建设仍然是我们党执政兴国的第一要务。

(三)最终实现共产主义是中国特色社会主义的前进方向

中国特色社会主义社会虽然不是一个短暂的时期,会持续相当长的时间,但它又不像封建社会、资本主义社会那样,是一个具有独立社会形态的社会,而是一个过渡性质的社会。它有时为了提高生产力水平,也会采取一些资本主义的办法,但在采取这些办法时,并没有忘记也不能忘记自己的前进方向、最终目标是共产主义。就好比一个人,目的地是南方,由于一时不具备旅行的条件,可以先放慢脚步或在原地踏步,甚至倒退几步,但绝不能把身体转向北方而背向南方,那样即使条件具备了,也不可能向南走,而只会越走离目的地越远。

那么,中国特色社会主义究竟会继续向前,向着共产主义社会前进,还是向后倒退,退到资本主义呢?要弄清这个问题,关键要看它实行的原则、制度究竟有没有脱离科学社会主义的轨道。只要坚持科学社会主义的原则、制度,它的前进方向、最终目标就一定是共产主义。

世界上任何事物都有质的规定性。好比钢,其基本性质是含碳量小于2%的铁碳合金,在此基础上可以加各种合金元素,使其成为不同用处的合金钢。但无论加什么元素,碳的含量都不能超过2%,否则就不成其为钢了。列宁说过:科学社会主义理论"提供的只是总的指导原理,而这些原理的应用具体地说,在英国不同于法国,在法国不同于德国,在德国又不同于俄国"①。"一切民族都将走向社会主义,这是不可避免的,但是一切民族的走法不会完全一样,在民主的这种或那种形式上,在无产阶级专政的这种或那种形态上,在社会生活各方面的社会主

① 《列宁选集》第2卷,人民出版社,2012,第274~275页。

义改造的速度上,每个民族都会有自己的特点。"①然而,无论有多少特点,都不可能离开科学社会主义的基本原则,否则就不再会是科学社会主义。中国特色社会主义立足于中国仍处于并将长期处于社会主义初级阶段的国情,体现当代中国的特点,实行改革开放的方针。但它作为一种政治理论、社会实践、社会制度,归根结底是属于科学社会主义范畴的。既然如此,它无论怎么改革,都不可能离开科学社会主义的基本原则,否则就不成其为科学社会主义,而成为别的什么主义了。

社会主义起初是针对资本主义剥削而在 16 世纪欧洲产生的一种学说,它把未来理想社会描绘得十分美好、十分具体,但由于未能揭示资本主义灭亡的必然规律、指出埋葬资本主义的社会力量、找到通向理想社会的现实道路,因而只能流于空想。是马克思、恩格斯通过创立唯物史观和剩余价值理论,揭露了资本主义剥削的秘密,阐明了资本主义必然被社会主义代替的客观规律,论证了无产阶级的历史使命和推翻资产阶级统治的必由之路,

---

① 《列宁选集》第 2 卷,人民出版社,2012,第 777 页。

这才将社会主义由空想变为科学。此后,科学社会主义又经过列宁、斯大林领导俄国社会主义革命和建设过程中的丰富和发展,形成了一系列基本原则。例如,由资本主义变为社会主义,必须经过无产阶级革命;无产阶级革命必须由以马克思主义理论武装的无产阶级政党领导;建立社会主义制度必须打碎资产阶级的国家机器,实行无产阶级专政;无产阶级专政必须以工农联盟为基础,坚持共产党领导,镇压国内敌对势力的反抗,防范国外敌人的侵略、颠覆,保障全体劳动者的民主权利;建设社会主义必须变生产资料的私有制为公有制,实行按劳分配原则,通过不断提高社会生产力,满足人民群众日益增长的物质与文化生活的需要,并逐步消灭城乡差别、脑力劳动与体力劳动的差别、阶级差别,直到实现共产主义,等等。我们要判断中国特色社会主义的前进方向、最终目标是不是共产主义,就要看改革中是否背离了科学社会主义的这些基本原则。

1. 从经济体制改革方面看

中国特色社会主义在国体和政体上虽然实行包括工人阶级、农民阶级和新社会阶层在内的人民民主专政及人民代表大会制度,但人民民主专政和人民代表大会制度都是实行工人阶级(通过中国共产党)领导的,因此,其实质仍然是无产阶级专政;在经济制度和体制上虽然鼓励、支持和引导非公有制经济发展,允许和鼓励资本参与分配,让市场在资源配置上起基础性作用,但公有制和按劳分配仍然占主体,国有经济仍然控制国民经济命脉,国家对市场活动仍然发挥宏观指导和调控作用,计划调节仍然是国家宏观调控的重要手段。这是经济体制改革体现共产主义方向的标志。我们党在推进所有制改革的过程中,始终强调要以公有制为主体、以国有经济为主导,就是因为只有公有制占主体,分配上才能保证共同富裕,才能使社会主义原则落到实处。

改革开放初期,针对我国生产力水平较低和过去长期存在平均主义、"吃大锅饭"的现象,我们党曾提出"让一部分人、一部分地区先富起来",提倡"效率优先、兼顾公平",允许和鼓励资本参与分配。这一方针和政策的实施,对于调动各方面积极性、加快经济发展,起到了重要作用。但与此同时,也出现了分配不公、收入差距过大的现象和"一切向钱看"的思想倾向,引起广大群众的不满,并且受到来自右的和极左两种思潮的夹击，就连资本主义国家的舆论也不时予以嘲讽。针对这一情况，我们党对分配政策进行了逐步调整。例如，把"效率优先、兼顾公平"的口号改为"既重视效率也重视公平、把公平放在更加突出的位置"；要求初次分配和再分配都要处理好效率和公平的关系，再分配要更加注重公平；逐步提高居民收入在国民收入中的比重，提高劳动报酬在初次分配中的比重，提高低收入者的收入，提高扶贫标准和最低工资标准；等等。党的十八大更把"逐步实现全体人民共同富裕"加入中国特色社会主义道路的定义之中，把"坚持走共同富裕道路"作为夺取中国特色社会主义新胜利必须把握的八个基本要求之一，把"收入分配差距缩小"作为全面建成小康社会的五个新要求之一，并旗帜鲜明地提出"共同富裕是中国特色社会主义的根本原则"。十八大闭幕后，习近平总书记在第一次会见中外媒体时便强调，新一届中央领导机构对民族、对人民、对党的一个重要责任，就是努力解决群众生产生活困难，坚定不移走共同富裕道路。所有这些都表明，我们党对分配领域出现的新问题，认识是清醒的，解决的决心也是坚定的。

要摆正先富与共富、效率与公平、资本与劳动的关系,涉及各方切身利益,不可能没有阻力,更不可能一帆风顺。比如,有人认为我国的贫富差距还不够大,说"只有拉大差距,社会才能进步,和谐社会才有希望";"没有贫富差距就相当于吃大锅饭"。还有人把收入差距扩大说成是政府管理经济和"国有垄断""国进民退"造成的,提出"民富优先""国退民进""以民营经济为主体""要把国有企业量化到人民手中"等主张。这些言论既违背《宪法》原则和中国特色社会主义的理论、纲领、路线和方针,又违背客观实际。

我国《宪法》规定:"国有经济是社会主义全民所有制经济,是国民经济的主导力量。"因此,不存在什么国有企业还要"量化到人民手中"的问题。要求所谓"量化",说穿了,无非是要把国有资产私有化。苏联解体时给全体居民发放国有企业的证券,结果把国有资产都"量化"到了哪些人手里,世人是有目共睹的。

中共十五届四中全会通过的《关于国有企业改革和发展若干重大问题的决定》指出,国有经济需要控制的行业中包括"自然垄断的行业",国有企业中也要有"极少数必须由国家垄断经营的企业"①。离开了这种垄断,国有经济在国民经济中发挥主导作用就会成为一句空话。我们一方面要反对包括国有企业在内的一切企业的垄断行为,另一方面,绝不能借口"反垄断"来反对国家通过国有企业实行必要的"自然垄断"和"垄断经营"。江泽民同志说:"国有企业是我国国民经济的支柱","是我们社会主义制度的重要经济基础","国有大中型企业是发展社会主义市场经济的主力军","是我国经济参与国际竞争、合作、分工的基本力量"。② 胡锦涛同志指出:"要毫不动摇巩固和发展公有制经济……不断增强国有经济活力、控制力、影响力。"③习近平同志早在党的十八大召开之前的2009 年,在视察大庆油田时指出:"国有企业是中国特色社会主义的重要支柱,是我们党执政的重要基础,也是贯彻和实践党的基本理论的重要阵地。"④党的十八大之后,

---

① 《十五大以来重要文献选编》(中),人民出版社,2000,第 1008 ~ 1009 页。

② 《江泽民论有中国特色社会主义专题摘编》,中央文献出版社,2002,第 142 ~ 143、145 页。

③ 《十八大以来重要文献选编》(上),中央文献出版社,2014,第 16 页。

④ 人民网,2009 年 9 月 22 日。

习近平总书记在 2015 年 11 月 23 日中央政治局第 28 次集体学习时又指出："公有制主体地位不能动摇,国有经济主导地位不能动摇,这是保证我国各族人民共享发展成果的制度性保证,也是巩固党的执政地位、坚持我国社会主义制度的重要保证。"①2016 年 7 月,他对国有企业改革作出重要指示,进一步强调:"国有企业是壮大国家综合实力、保障人民共同利益的重要力量,必须理直气壮做强做优做大,不断增强活力、影响力、抗风险能力,实现国有资产保值增值。""要加强监管,坚决防止国有资产流失。"②可见,通过改革,做大做强而不是做小做弱国有企业,始终是我们党对待国有企业改革的出发点和方针,从来没有变过。

长期以来,某些西方大国一直以我国国有企业受政府优惠为名,在贸易、投资、资产收购等领域对其百般刁难和限制,这从反面也说明,国有企业在国际竞争中确实具有较强实力,使西方跨国公司、大财团和它们的代理人感到不好对付。

---

① 《人民日报》2015 年 11 月 24 日。
② 《人民日报》2016 年 7 月 5 日。

另外,是不是"国进民退"和"国富民贫",应当用事实说话。统计表明,2009 年进行的第二次全国经济普查结果与 4 年前进行的第一次普查相比,国有企业单位数量下降了 20%,资产下降了 8.1%;而私营企业单位数量增长了 81.4%,资产增加了 3.3%。① 2011 年与 2001 年相比,全国规模以上工业企业的产值中,国有及国有控股企业占比,由 44.4% 下降到 27.2%;而私营企业占比,由 9.2% 上升到 29.4%(以上来自国家统计局资料,其中 2011 年数字为主营业务收入)。还应当看到,中国特色社会主义社会不是无阶级社会,"国"和"民"没有摆脱也不可能摆脱阶级性,对"民穷"还是"国富"都要作具体分析。现在,我国一方面还有 7000 多万人处于新的扶贫标准线以下,另一方面,早就成了全球第二大奢侈品市场。国家财政收入占国民收入比重长期保持在 22.5%②,而 24 个工业化国家平均税负为 45.3%,29 个发展中国家平均税负为 35.5%,都比我国要高。可见,笼统说"国进民退"

① 《人民日报》2009 年 12 月 26 日。
② 《人民日报》2016 年 3 月 6 日。

"国富民穷",是站不住脚的。

2. 从政治体制改革方面看

改革开放以来,我们党针对过去一度存在的权力过分集中、忽视民主与法制建设的问题,提出并推进政治体制改革,大力加强社会主义民主与法制建设,同时,始终强调改革要坚持社会主义方向。有人说,改革就是改革,无所谓社会主义方向和资本主义方向,并以邓小平讲过"改革不问姓'资'姓'社'""不搞争论"作为根据。只要看看《邓小平文选》就会知道,邓小平从来没有在改革方向问题上说过不问姓"资"姓"社",相反,他一再提醒我们:"在改革中坚持社会主义方向,这是一个很重要的问题。""在整个改革开放的过程中,必须始终注意坚持四项基本原则。"邓小平也从来没有在改革的方向上说过"不搞争论",相反,他在北京政治风波后说:"某些人所谓的改革,应该换个名字,叫作自由化,即资本主义化。他们'改革'的中心是资本主义化。我们讲的改革与他们不同,这个问题还要继续争论的。"[①]江泽民同志在庆祝建党

①　《邓小平文选》第3卷,人民出版社,1993,第137~138、297、379页。

70 周年大会上讲："要划清两种改革开放观,即坚持四项基本原则的改革开放,同资产阶级自由化主张的实质上是资本主义化的'改革开放'的根本界限。"①胡锦涛同志在纪念党的十一届三中全会召开 30 周年大会上讲:"既以四项基本原则保证改革开放的正确方向,又通过改革开放赋予四项基本原则新的时代内涵"。"离开四项基本原则和改革开放,经济建设就会迷失方向和丧失动力。"②习近平总书记在党的十八大后中央政治局第一次集体学习时指出:"我们在实践中要始终坚持'一个中心、两个基本点'不动摇,既不偏离'一个中心',也不偏废'两个基本点',把践行中国特色社会主义共同理想和坚定共产主义远大理想统一起来,坚决抵制抛弃社会主义的各种错误主张,自觉纠正超越阶段的错误观念和政策措施。"③他们的论述都说明,党中央历来认为改革存在坚持什么方向的问题;这个方向不是别的,就是共产主义;对这个大方

---

① 《十三大以来重要文献选编》(下),人民出版社,1993,第 1649 页。
② 《十七大以来重要文献选编》(上),中央文献出版社,2009,第 797、798 页。
③ 《习近平谈治国理政》,外文出版社,2014,第 11 页。

向的保证也不是别的,就是坚持四项基本原则。

我国政治体制无疑还有许多需要继续深化改革的问题和空间。比如,要进一步健全权力运行的制约和监督体系,要推进权力运行的公开化、规范化,要更加注重改进党的领导方式、执政方式,要不断发挥法治在国家治理和社会管理中的作用,等等。但是,改革的目标只能是社会主义制度的自我完善,原则只能是坚持中国共产党领导、人民当家作主、依法治国的有机统一,前提只能是有利于政局稳定、人民团结、经济发展、生活改善。现在有人无视我国30多年来政治体制改革取得的巨大进步和正在进行的改革,指责政治体制改革停顿了、滞后了、倒退了,认为政治体制已经成为进一步市场化改革的阻力,鼓吹"重启政改"。显然,他们所要的"政治改革"并不是我们党所推动的政治体制改革,而是要把西方资本主义那一套政治体制搬到中国来。经济基础决定上层建筑。我国的经济体制改革不是要建立私有制基础上的自由市场经济,政治体制改革当然也不可能照搬适应那种市场经济的多党轮流执政和"三权分立"的政治体制。既然从来没有启动过那种"政治改革",又怎么谈得上"停滞"和

"倒退"呢？那种"政治改革"既不会给中国带来真正的民主，也解决不了腐败问题，更促进不了经济发展，相反，只会使社会混乱、国家分裂、内战爆发，使已有的发展成果丧失殆尽，使人民重新陷入无穷灾难。对这种改革，我们当然不能搞。

从以上分析可以看出，中国特色社会主义尽管从中国仍然处于并将长期处于社会主义初级阶段，当今世界主要问题仍然是和平与发展的实际出发，在经济、政治等方面实行了一系列改革措施，但科学社会主义的基本原则始终没有丢。因此，中国特色社会主义的前进方向和最终目标仍然是而且只能是共产主义。

（四）中国特色社会主义事业能否顺利发展取决于能否正确把握党的最高纲领与最低纲领的关系

毛泽东在《新民主主义论》中说："关于社会制度的主张，共产党是有现在的纲领和将来的纲领，或最低纲领和最高纲领两部分的。"①共产主义是共产党人奋斗的最高纲领，但要实现这个最高纲领，必须具备相应的条件，这

---

① 《毛泽东选集》第 2 卷，人民出版社，1991，第 686 页。

就要求共产党人必须针对每个历史阶段的实际情况，制定具体的纲领，也就是最低纲领或基本纲领。想不经过为每个阶段的最低纲领或基本纲领而奋斗，一下子达到共产主义，只能是不切实际的空想。

党的十五大提出，我们党在现阶段的基本纲领是：经济上建设社会主义的市场经济，政治上建设社会主义的民主政治，文化上建设社会主义的先进文化；后来，党的十七大又增加了社会上要建设社会主义的和谐社会；党的十八大又增加了生态环境上要建设社会主义的生态文明。概括起来说，就是建设富强民主文明和谐的社会主义现代化国家。这个纲领既没有超越中国现在所处的社会发展阶段，又没有脱离共产主义的远大目标，而是在为将来进入社会主义的高级阶段或者说共产主义的初级阶段准备必要的条件。

新民主主义革命时期，革命之所以总体上比较顺利，很大程度得益于我们党能够正确认识和处理那时党的最高纲领与最低纲领的关系。那时，我们党一方面要求所有党员必须为完成资产阶级民主革命这个党的最低纲领而奋斗，认为凡是"看不起这个资产阶级民主革命而对它稍许放松，稍许怠工，稍许表现不忠诚、不热情，不准备付出自己的鲜血和生命,而空谈什么社会主义和共产主义"①的人,都是有意无意地、或多或少地背叛社会主义和共产主义,都不是自觉的忠诚的共产主义者;另一方面,始终用共产主义思想体系教育自己的干部和党员,要求每个党员入党的时候,心目中就要悬着为新民主主义革命而奋斗和为将来的社会主义与共产主义而奋斗这样两个明确的目标,"而不顾那些共产主义敌人的无知的和卑劣的敌视、污蔑、谩骂或讥笑"。② 一方面指出,如果不扩大共产主义思想的宣传、加紧马克思列宁主义的学习,"不但不能引导中国革命到将来的社会主义阶段上去,而且也不能指导现时的民主革命达到胜利";③另一方面,时刻提醒全党,"应把对于共产主义的思想体系和社会制度的宣传,同对于新民主主义的行动纲领的实践区别开来"。④ 由于我们党善于把最高纲领与最低纲领辩证地统一在一起,没有因为要为最高纲领奋斗而轻视最低纲领,也没有因为要实行

---

① 《毛泽东选集》第 3 卷,人民出版社,1991,第 1059 页。
② 《毛泽东选集》第 3 卷,人民出版社,1991,第 1059 页。
③ 《毛泽东选集》第 2 卷,人民出版社,1991,第 706 页。
④ 《毛泽东选集》第 2 卷,人民出版社,1991,第 706 页。

最低纲领而忘记最高纲领,所以带领人民仅用28年时间就推翻了压在中华民族头上的"三座大山"。

在带领人民进行中国特色社会主义建设时,我们党同样存在正确认识和处理党的最高纲领与基本纲领关系的问题。党在社会主义初级阶段的基本纲领与党的最高纲领之间,既有严格的区别,又有密切的联系。不完成建设中国特色社会主义这个基本纲领的任务,谈不上为最高纲领而奋斗;反过来,丢掉最高纲领,中国特色社会主义建设就失去了方向和灵魂。因此,是否牢记党的最高纲领和最终奋斗目标,对于党能否领导中国人民完成基本纲领规定的任务,能否引导中国特色社会主义事业不断向共产主义远大理想前进,具有至关重要的意义。

有人认为,共产主义谁也没见过,是"乌托邦",因此不应当再把它作为我们党的奋斗目标。这个观点是错误的。实现共产主义当然是遥远将来的事,但绝非遥遥无期、虚无缥缈。党的十二大报告指出:"在我国,共产主义思想的传播,人们为最终实现共产主义理想而进行的运动,早在中国共产党成立和领导进行新民主主义革命的时候就开始了⋯⋯共产主义的思想和共产主义的实践早已存在于我们的现实生活中。那种认为'共产主义是渺茫的幻想'、'共产主义没有经过实践检验'的观点,是完全错误的。我们每天的生活都包含着共产主义,都离不了共产主义。"①习近平总书记在纪念陈云同志诞辰110周年座谈会讲话中还特意引述了陈云同志的一句话,那句话是:"共产主义遥遥有期,社会主义就是共产主义的第一阶段。"②

有人认为,革命年代讲讲共产主义理想还可以,现在再讲就没有必要了。这种观点同样站不住脚。如果说我们党在井冈山时代、延安时代、西柏坡时代,是共产主义理想支撑了广大党员的意志,那么今天距离共产主义总不会比那时更远吧。习近平总书记指出:"对马克思主义的信仰,对社会主义和共产主义的信念,是共产党人的政治灵魂,是共产党人经受住任何考验的精神支柱。"③"革命理想高于天。没有远大理想,不是合格的共产党员;离开现实工作而空谈远大理想,也不是合格的共产党员。

---

① 《十二大以来重要文献选编》(上),人民出版社,1986,第27~28页。
② 《人民日报》2015年6月13日。
③ 《十八大以来重要文献选编》(上),中央文献出版社,2014,第15页。

在我们党九十多年的历史中,一代又一代共产党人为了追求民族独立和人民解放,不惜流血牺牲,靠的就是一种信仰,为的就是一个理想。尽管他们也知道,自己追求的理想并不会在自己手中实现,但他们坚信,只要一代又一代人为之持续努力,一代又一代人为此作出牺牲,崇高的理想就一定能实现。"①他的这些论述说明,党在为基本纲领奋斗的同时,要求党员牢记党的最高纲领、坚定共产主义理想信念,不仅是完全可以的,也是非常必要的。我们强调共产党员要牢记党的最高纲领、勿忘共产主义远大理想,并不是要党员现在就实行共产主义的政策,而是因为我们党当前正在经受长期执政、市场经济和对外开放的考验,特别需要提醒广大党员,尤其是党的各级领导干部在各种诱惑面前保持清醒头脑,在各种困难面前保持必胜信念。

看一个党员在为党的基本纲领奋斗时,是否牢记了党的最高纲领、坚定了共产主义理想信念,是有客观评判标准的。对于普通党员,就是看他在执行党和国家的各

---

① 《十八大以来重要文献选编》(上),中央文献出版社,2014,第116页。

项方针、政策时,是否坚持了全心全意为人民服务的宗旨,是否发扬了党的理论联系实际、密切联系群众、批评与自我批评的作风,是否吃苦在前、享受在后、勤奋工作、廉洁奉公了,是否努力学习马克思主义,是否在危急时刻挺身而出。对于党的领导干部来说,除了要看以上这些之外,还要看他在贯彻党的基本理论、基本路线、基本纲领时,是否做到了全面、完整、准确;在推进经济、政治、文化等体制改革时,是否坚持了四项基本原则;在领导经济建设时,是否同时注意了精神文明建设和党的自身建设;在作各项决策之前,是否深入实际、调查研究、坚持把大多数人的利益放在了第一位。凡是这样做的,说明牢记了党的最高纲领、坚定了共产主义的理想信念;反之,则说明淡忘了、动摇了,甚至抛弃了。

(五)"要把我们党由革命党转变为执政党"的提法是错误的

一段时间以来,党内流传一种说法,叫作"要把我们党由革命党转变为执政党"。理由是,我们党现在的主要任务是执政而不是革命,因此应当尽快完成角色转换。这种论调是对"革命"的片面理解,是把"革命"与"执政"人为割裂和对立了。革命的概念具有多种含义,有的指一个阶级推翻另一个阶级的变革,即政治革命;有的指组织和建设新的社会经济制度,这是社会主义革命特有的内容;有的指积极进取、奋发向上的精神状态,如革命精神;有的指某一领域中的重大变革,如产业革命、科技革命等。因此,革命并不仅仅指一个阶级推翻另一个阶级,选择社会主义道路相对于资本主义秩序来说,也是革命。习近平总书记之所以反复强调"革命理想高于天",就是在这种意义上讲的革命。

"文化大革命"中提出"无产阶级专政下继续革命"中的"革命",指的是无产阶级在取得政权后,仍然要进行一个阶级推翻另一个阶级的革命,而且"文化大革命"就是这种"革命"的重要尝试。这种"继续革命"的理论是错误的,当然应当否定,而且在党的十一届三中全会后已经被否定。但否定这种特定含义的"继续革命",并不意味着否定了本来意义的继续革命。对此,《关于建国以来党的若干历史问题的决议》曾用很大篇幅作过专门论述。它指出:"我们坚决纠正'文化大革命'中所谓一个阶级推翻一个阶级的'无产阶级专政下继续革命'口号的错误,这绝对不是说革命的任务已经完成,不需要坚决继续进行各方面的革命斗争。社会主义不但要消灭一切剥削制度和剥削阶级，而且要大大发展社会生产力，完善和发展社会主义的生产关系和上层建筑，并在这个基础上逐步消灭一切阶级差别，逐步消灭一切主要由于社会生产力发展不足而造成的重大社会差别和社会不平等，直到共产主义的实现。这是人类历史上空前伟大的革命。我们现在为建设社会主义现代化国家而进行的斗争，正是这个伟大革命的一个阶段。"①可见，我们党并没有认为自己的革命任务已经完成了，不再需要继续进行革命斗争了。

党的十六大报告中有一句话说：我们党"已经从领导人民为夺取全国政权而奋斗的党，成为领导人民掌握全国政权并长期执政的党；已经从受到外部封锁和实行计划经济条件下领导国家建设的党，成为对外开放和发展社会主义市场经济条件下领导国家建设的党"。从这句话里能不能推导出我们党的革命任务已经完成，已经不需要再革命了呢？不能。掌握全国政权也好，领导国家

① 《三中全会以来重要文献选编》（下），人民出版社，1982，第 844～845 页。

建设也好,正像上述决议所说的,对我们党来讲,都是新的历史时期的革命任务。而且就在十六大报告那句话的后面紧接着说,我们党必须准确把握时代特点和党的任务,研究和解决推动中国社会进步和加强党的建设问题,使党的事业不断从胜利走向胜利。如果说党的革命任务完成了,不需要再革命了,那么不断由胜利走向胜利的事业又是什么事业呢?另外,党的十六大报告和十八大报告讲到加强军队全面建设时,仍然把军队的革命化建设包括在内,仍然要求"持续培育当代革命军人核心价值观"。既然我们党领导的军队是革命军队,怎么能说党不再是革命党了呢?这在逻辑上也是说不通的。

反对把我们党再称为革命党,追根溯源,是受了"告别革命论"和历史虚无主义思潮的影响。这种观点在理论上站不住脚,在实践上也十分有害。因为,它很容易把我们党的执政混同于资产阶级政党的执政,从而丢掉党的最高理想和革命传统、革命作风、革命精神,助长官僚主义、形式主义,脱离人民群众。这些年,党的干部队伍和党风中发生的种种问题,与这种观点的散布不能说没有关系。

对于我们党现在究竟是革命党还是执政党这个问题,

我认为准确的回答应当是：既是执政党，也是革命党，是革命的执政党或执政的革命党。因为，我们党现在虽然是执政党，但它仍然要为最终实现共产主义的远大理想而奋斗，仍然要继续发扬革命精神、继承革命传统，仍然要用共产主义理想信念去教育和影响下一代。否则，为什么我们党至今仍然要求党员入党时宣誓"为共产主义奋斗终身"呢？邓小平说过："我们干的是社会主义事业，最终目的是实现共产主义"；"要特别教育我们的下一代下两代，一定要树立共产主义的远大理想"。① 习近平总书记指出："革命理想高于天。实现共产主义是我们共产党人的最高理想，而这个最高理想是需要一代又一代人接力奋斗的。"② 他们的这些话也说明，我们党执政后并非不再革命了。

① 《邓小平文选》第3卷，人民出版社，1993，第110～111页。
② 《学习时报》2015年9月7日。

六 坚持中国特色社会主义道路就必须坚持中国共产党领导

（一）中国特色社会主义道路是在社会主义基础上实现中华民族伟大复兴的道路

党的十五大报告在阐述社会主义初级阶段内涵时，首次提出这个阶段是"逐步缩小同世界先进水平的差距，在社会主义基础上实现中华民族伟大复兴的历史阶段"。党的十六大报告在这个基础上进一步指出："新中国成立后，我们党创造性地完成由新民主主义到社会主义的过渡，实现中国历史上最伟大最深刻的社会变革，开始了在社会主义道路上实现中华民族伟大复兴的历史征程。"这些论述说明，新中国的历史开启了社会主义初级阶段的历史，同时也开启了中华民族伟大复兴的阶段。自从孙中山提出"振兴中华"的口号，至今已有一个世纪。按照我的理解，他所说的振兴中华，就是复兴中华民族或中华民族复兴的意思。那么，什么才是中华民族复兴的标志呢？对此，始终没有一个具体的明确的表述。中华民族历史上曾创造过灿烂的文明,古代的经济总量长期占据世界的四分之一到三分之一。那是不是说要等到中国经济总量重新占据世界的三分之一或四分之一时,中华民族才算是复兴了呢?中国自2010年以来,GDP一直位居世界第二,但在世界经济总量中仍然只占到12%左右。即使中国GDP今后超过美国,位居世界第一,在世界经济总量中仍不可能占到四分之一,更不可能占到三分之一,因为美国现在也不到四分之一。所以,把中华民族复兴的标志定为中国经济总量在世界所占比重恢复到古代水平,我认为是不现实的,也是没有必要的。

毛泽东在20世纪50年代说过:"一九一一年的革命,即辛亥革命,到今年,不过四十五年,中国的面目完全变了。再过四十五年,就是二千零一年,也就是进到二十一世纪的时候,中国的面目更要大变。中国将变为一个强大的社会主义工业国。中国应当这样。因为中国是一个具有九百六十万平方公里土地和六万万人口的国家,中国应当对于人类有较大的贡献。"他还说过:"中国的人口多、底子薄,经济落后,要使生产力很大地发展起来,要赶上和超过世界上最先进的资本主义国家,没有一百多年的时间,我看是不行的。"①后来,他又提出要实现工业、农业、科学文化和国防现代化。② 根据他的这些论述,我认为所谓中华民族复兴,就是把中国建成强大的社会主义工业国,并实现现代化,赶上和超过世界上最先进的资本主义国家,从而对人类作出较大贡献。这个标志在定性上比较具体了,但仍然不够量化,因此还是不大好掌握。

　　20 世纪 80 年代,邓小平按照毛泽东的设想,提出了"三步走"战略。他说:"本世纪走两步,达到温饱和小康,下个世纪用三十年到五十年时间再走一步,达到中等发达国家的水平。"③"如果达到这一步,第一,是完成了一项非常艰巨的、很不容易的任务;第二,是真正对人类作出了贡献;第三,就更加能够体现社会主义制度的优越性。"④对此,他还提出了量化的指标,就是使人均国民生产总值,第一步,在 20 世纪由当时的 300 美元提高到 800 ~

---

①　《毛泽东文集》第 8 卷,人民出版社,1999,第 302 页。
②　《毛泽东文集》第 8 卷,人民出版社,1999,第 116、162 页。
③　《邓小平文选》第 3 卷,人民出版社,1993,第 251 页。
④　《邓小平文选》第 3 卷,人民出版社,1993,第 224 页。

1000 美元;第二步,在 21 世纪中叶提高到当时中等发达国家的 4000 美元。

根据邓小平提出的设想,党的十五大把 21 世纪的头 50 年分为三个阶段,即头 10 年实现 GDP 比 2000 年翻一番,再用 10 年使国民经济更加发展、各项制度更加完善,到 21 世纪中叶基本实现现代化;并且明确提出,社会主义初级阶段"是逐步缩小同世界先进水平的差距,在社会主义基础上实现中华民族伟大复兴的历史阶段。这样的历史进程,至少需要一百年时间"[1]。党的十六大、十七大又把 21 世纪头 50 年分为两个阶段,即头 20 年基本实现工业化,到 21 世纪中叶基本实现现代化。党的十八大在十六大、十七大基础上进一步提出,到 2020 年实现全面建成小康社会的目标时,国内生产总值和城乡居民人均收入比 2010 年都要再翻一番。也就是说,到 2020 年,国内生产总值和人均国内生产总值在汇率不变的情况下,分别达到 13 万亿美元和接近 1 万美元。可以说,这些量化目标使中华民族复兴的标志变得

---

① 《十五大以来重要文献选编》(上),人民出版社,2000,第 16 页。

越来越清晰了。

习近平同志在党的十八届一中全会当选党中央总书记后的中外记者会上讲:"我们的民族是伟大的民族。在五千多年的文明发展历程中,中华民族为人类文明进步作出了不可磨灭的贡献。近代以后,我们的民族历经磨难,中华民族到了最危险的时候。自那时以来,为了实现中华民族伟大复兴,无数仁人志士奋起抗争,但一次又一次地失败了。中国共产党成立后,团结带领人民前仆后继、顽强奋斗,把贫穷落后的旧中国变成日益走向繁荣富强的新中国,中华民族伟大复兴展现出前所未有的光明前景。我们的责任,就是要团结带领全党全国各族人民,接过历史的接力棒,继续为实现中华民族伟大复兴而努力奋斗,使中华民族更加坚强有力地自立于世界民族之林,为人类作出新的更大的贡献。"①接着,他在参观《复兴之路》展览时讲:"现在,我们比历史上任何时期都更接近中华民族伟大复兴的目标。""到中国共产党成立100年时全面建成小康社会的目标一定能实现,到新中国成立

---

① 《习近平谈治国理政》,外文出版社,2014,第3~4页。

100年时建成富强民主文明和谐的社会主义现代化国家的目标一定能实现,中华民族伟大复兴的梦想一定能实现。"①他的话进一步表明,中华民族伟大复兴既有了定性的标志,也有了定量的标志。所谓定性的标志,就是21世纪中叶中国成为富强民主文明和谐的社会主义现代化国家;所谓定量的标志,就是21世纪中叶中国在人均国内生产总值上达到中等发达国家的水平。也就是说,我们要在中国特色社会主义道路的基础上实现中华民族的复兴大业。

如果上述理解不错的话,现在距离中华民族的最终复兴还剩下30多年时间;我们已经接近实现这个目标,到了向这个目标冲刺的阶段。但常言道:"行百里者半九十。"今后的30多年与1840年以来的170多年相比,时间虽然不算长,然而困难和风险会更大。中华民族要克服伟大复兴冲刺阶段的艰难险阻,需要具备更加充分的条件。我认为,在所有必需的条件中,最关键的一条仍然是坚持和加强中国共产党的领导。

① 《习近平谈治国理政》,外文出版社,2014,第35~36页。

（二）坚持中国共产党的领导是坚持中国特色社会主义道路的题中应有之义

中华民族的伟大复兴，是在起步比先进工业国晚二三百年、国际规则已经被西方资本主义世界制定的情况下，用100年左右时间，使一个人口众多、底子薄弱、资源相当贫乏、发展很不平衡的大国，通过中国特色社会主义道路和和平发展方式，追上先进工业国的事业。这些特点决定了这个事业，必然会遇到比其他国家在工业化过程中所遇到的更大的阻力、风险和挑战。尤其目前，这个事业处在内部利益日益多元化、外部利益博弈激烈化的环境下，来自各方面的阻力、风险、挑战之大更可想而知。因此，中华民族要跑完伟大复兴冲刺阶段的"最后100米"，必须继续有一个能代表民族整体利益，能把13亿人民最大限度凝聚在一起的政党来领导。在当代中国，这个党只能是中国共产党，而不可能是其他任何政治组织和社会力量。

当前，国内外敌对势力为阻挡中国特色社会主义事业前进的步伐，把攻击的矛头集中对准我们党，竭力散布诸如历史虚无主义、民主社会主义、"普世价值"、西方宪政等种种思潮，抹黑我们党的历史，诬蔑我们党的领导是什么"专制"的、"不民主"的、"不合法"的、不符合"普世价值"的,挖空心思为否定、取消和推翻中国共产党的领导制造理论根据。我们要坚持和加强中国共产党的领导,就要针锋相对地批驳这些谬论,进一步讲清楚中国共产党领导的科学性、正义性、合理性、合法性,从理论和实际的结合上说明坚持和加强中国共产党的领导对于维护中国人民根本利益、保证中国特色社会主义彻底胜利、实现中华民族伟大复兴的必要性和重要性。

1. 坚持中国共产党的领导是中国人民的历史选择

中国自 1840 年鸦片战争后就面临两大历史问题,即国家独立和工业化。为此,中国的仁人志士曾进行过种种努力,试图通过走西方资本主义道路来加以解决,最终统统抱恨而归。在此背景下,中国工人阶级政党中国共产党诞生,并从一开始便担起了阶级解放以及本该由资产阶级解决的国家独立和工业化两副重担。

现在有人说,中国工人阶级在中国共产党成立时人数很少,并没有建立政党的条件,是俄国共产党策划和经费支持的结果;还说列宁这样做包藏利己的动机,是为了让帝国主义无法集中力量对付俄国革命。这些说法并非什么新发明,而是早已有之。中共建党时得到过俄共帮助是事实,但这并不表明中共是靠外援建立起来的。第一,当时中国工人阶级人数少,只是相对农民阶级而言,就其绝对数量来说并不少,1914年已有100万人以上,五四运动前夕更增加到了200万人以上。而且,由于外国人在中国直接经营企业比中国民族工业要早,"中国无产阶级的很大一部分较之中国资产阶级的年龄和资格更老些,因而它的社会力量和社会基础也更广大些"。① 第二,由于受到本国资产阶级、帝国主义势力和本国封建地主阶级的三重压迫,中国工人阶级反帝反封建的要求最为强烈,斗争性也最为坚定,早在五四运动中就已作为独立的政治力量登上了历史舞台。第三,中国一批接受马克思主义的先进知识分子,早在五四期间就自觉地与工人运动相结合,已意识到建立工人阶级政党的必要性,并已开始着手建党,许多地方事实上也建立了党的早期组织,只是还没有统一罢了。第四,俄共当时不仅资助共产党,也给国民党经费,而且比给中共的多得多。第五,世界近

---

① 《毛泽东选集》第2卷,人民出版社,1991,第627页。

代史上的革命运动得到其他国家资助的情况并不鲜见，如美国独立战争、法国大革命等。所以，中共的建立是中国工人阶级斗争的需要和革命形势的产物，即使没有外力帮助，迟早也是会建立起来的。至于列宁号召世界无产阶级革命，支持殖民地半殖民地国家进行民族民主解放运动，这不仅来源于马克思主义世界革命的理论，而且完全符合当时世界革命的形势，并不能说明俄共帮助中国革命仅仅是为了分散帝国主义的注意力。

中国共产党建立后，把马克思主义与中国实际相结合，正确回答了在一个农民占人口绝大多数、农村占国土绝大面积、农业占国民经济绝大部分的半殖民地半封建国家里，如何取得民族独立和开展工业化建设等一系列理论和实践问题，从而取得了民族民主革命的领导权，并用自己的模范行动，带领人民通过艰苦的斗争，推翻了帝国主义、封建主义、官僚资本主义的反动统治，取得了新民主主义革命的胜利，建立了人民当家作主的新中国，实现了民族独立和人民解放。接着，它又带领人民通过社会主义革命和建设，确立了社会主义的基本制度，建立了独立的比较完整的工业体系和国民经济体系；通过改革开放和社会主义现代化建设,开创了中国特色社会主义道路,大幅度提高了中国的综合国力、人民生活水平和国际地位,从根本上改变了中国人民的前途命运。正是这一切,赢得了人民对它的信任和拥护。所以,中国共产党的领导地位不是自封的,更不是什么人赐予的,而是历史和人民选择的结果。正如习近平总书记所指出的:"没有共产党,就没有新中国;有了共产党,中国的面貌就焕然一新。这是中国人民从长期奋斗中得出的最重要最基本的结论。"①

2. 坚持中国共产党的领导是中国法律的明确规定

现在有人以中国共产党没有进行所谓"政党登记"为借口,指责我们党的领导"不合法"。他们煞有介事地摆出一副法律学家的架势,自以为找到了什么可以置共产党于死地的"法宝",结果却是搬起石头砸自己的脚,暴露了其反共反华势力"马前卒"的丑恶嘴脸。

凡是对马克思主义国家学说稍有常识的人都知道,社会主义国家同资本主义国家是社会制度根本不同的两种国

① 《学习时报》2011 年 6 月 27 日。

169

家形态,它们的重大区别之一就是,前者公开声明自己实行无产阶级专政,由无产阶级政党领导,不允许代表资产阶级利益的政党与自己分享政权;而后者表面上把自己打扮成"全民国家",搞所谓多党竞选、轮流执政,实际上实行资产阶级专政。马克思说:"革命是人民权利的法律依据"。[①]列宁也说过:"无产阶级的革命专政是由无产阶级对资产阶级采用暴力手段来获得和维持的政权,是不受任何法律约束的政权。"[②]这就告诉我们,无产阶级革命以及革命胜利后建立的无产阶级政权,都是不受资产阶级法律限制的,因此不能用资产阶级法律的狭隘眼界来看待政党设置和政党登记一类的问题。

在社会主义国家里不搞政党登记,并不等于无产阶级政党的领导没有法律依据。就拿中国共产党来说,由于新中国成立前它就在革命力量中确立了领导核心地位,各民主党派、无党派人士纷纷响应关于召开新政治协商会议、成立民主联合政府的号召,中国人民政治协商会

---

① 《马克思恩格斯全集》第6卷,人民出版社,1961,第130页。
② 《列宁选集》第3卷,人民出版社,2012,第595页。

议第一届全体会议通过的《共同纲领》第一章总纲中明确规定："中华人民共和国为新民主主义即人民民主主义的国家,实行工人阶级领导的、以工农联盟为基础的、团结各民主阶级和国内各民族的人民民主专政"。这里说的实行工人阶级领导,自然意味着实行工人阶级的政党——中国共产党的领导;团结各民主阶级,自然意味着团结各民主阶级的政党——各民主党派和无党派民主人士。那次会上,中国民主同盟、民主建国会、国民党革命委员会、农工民主党、致公党、九三学社、民主促进会和无党派民主人士、华侨民主人士、全国工商界、宗教界的领导或代表,均在大会发言中声明坚决拥护中国共产党领导。所以,无论中国共产党的执政地位还是拥护共产党的民主党派和无党派民主人士的参政资格,都是新中国成立伊始即在具有临时宪法性质的《共同纲领》中得到确立的,根本不存在还要通过什么政党登记来确认的问题。

此后,在1954年全国人民代表大会一届一次会议上通过的《宪法》,以及1975年、1978年、1982年历次修改的《宪法》序言部分,都明确指出了中华人民共和国是中国共产党领导各族人民经过长期革命斗争后建立的,今后各族人民要继续在共产党的领导下进行社会主义建设,各民主党派和各人民团体参加的爱国统一战线也要继续在共产党的领导下巩固和发展。1982 年《宪法》还指出,我国经过生产资料私有制的社会主义改造后,人剥削人的制度已经消灭,剥削阶级作为阶级已被消灭。这些意味着参加政协的民主党派已不再是民族资产阶级利益的代表者了,共产党领导的多党合作、政治协商也已经成为中国社会主义的基本政治制度了。可见,那种以所谓"没进行政党登记"而妄图否定中共合法性的言论,完全是痴人说梦,真正违法、违宪的恰恰是发表这种言论的人。

3. 坚持中国共产党的领导是人民民主的实现形式

民主是相对专制而言的政治制度,但同样实行民主制的国家,对民主的理解和实践却大相径庭。马克思主义导师在谈论民主时,总是把它和阶级问题联系在一起,认为在阶级社会里,民主实质上是统治阶级的民主。列宁说:在资本主义社会,比较完全的民主制度就是民主共和制,"但是这种民主制度始终受到资本主义剥削制度狭窄框子的限制,因此它实质上始终是少数人的即只是有产阶级的、只是富人的民主制度"。① 而资产阶级为了模糊民主的阶级性质，把是否进行多党竞选、轮流执政，作为衡量一个国家是否民主的标准。所谓社会主义国家"不民主""专制"的说法，就是用这个标准衡量的产物。

选举当然是民主的一种形式，但选举并不等于民主，尤其不等于真正的实质的民主。同样是选举，由于对选举权有不同的规定，其广泛性势必会有很大差别。例如，西方国家在相当长时期内就对选举权作过诸如财产、性别、族裔、居住时间等限制。正因为如此，二战前的苏联和二战后诞生的社会主义国家曾被世人普遍认为是民主国家，而西方国家则是反民主的国家。只是后来西方国家在国内人民争取民主权利的持续斗争下，逐渐放宽了选举权上的种种限制，这才回过头来以所谓实行"一党专制"为由，攻击社会主义国家"不民主"。

其实，选举也有各种形式。比如在西方国家，选举至今仍分为直接、间接等多种形式。另外，社会主义民主即人民民主，是多数人的真正的民主，是本质上不同于资本

① 《列宁选集》第3卷，人民出版社，2012，第189页。

主义民主的新型民主。因此,这两种民主在形式上也会有所不同。社会主义民主的实质是使占人口多数的人民群众的利益在国家的法律、制度、政策、决策中得到充分体现和保证,这就决定了要实现这种民主,首先必须使代表多数人利益的政党牢固地执掌政权。《共产党宣言》说:"过去的一切运动都是少数人的,或者为少数人谋利益的运动。无产阶级的运动是绝大多数人的,为绝大多数人谋利益的独立的运动。"①"在无产阶级和资产阶级的斗争所经历的各个发展阶段上,共产党人始终代表整个运动的利益。"②这就是说,共产党正是这种"为绝大多数人谋利益""始终代表整个运动的利益"的政党。尤其在近代中国,特殊的历史条件决定了中国共产党从建党之始就既是无产阶级先锋队又是中华民族先锋队。只要站在多数人的立场上看问题就不能不承认,中国共产党的领导不仅是中国社会主义民主得以实现的前提条件、真正体现和重要保障,而且是中国社会主义民主首要的实

① 《马克思恩格斯选集》第 1 卷,人民出版社,2012,第 411 页。
② 《马克思恩格斯选集》第 1 卷,人民出版社,2012,第 413 页。

现形式。此外,社会主义民主的实现形式中还包括执政党与各界代表的协商,各级领导深入调查研究、广泛听取基层群众意见,党和政府接待群众上访的制度,等等。然而,无论形式有多少,起决定性作用的还是党的领导。近几年湖南衡阳、四川南充等地发生的拉票贿选案件,都从反面说明,如果削弱或破坏了党的领导作用,由少数人用金钱搞暗箱操作,即使进行选举,照样不会有真正的民主,相反只会使民主变味、走样,成为对社会主义民主制度的挑战。

用金钱操纵选举,是资本主义民主本质决定的。现在越来越多的人已认清这种民主的虚伪性,就连西方国家一些良知未泯的政治家、学者也开始承认,在他们那里的总统、议会等选举中,真正起作用的是金钱。例如,美国前总统卡特就对电视主持人说:"美国只有寡头政治,无限制的政治贿选成为提名总统候选人或当选总统的主要影响因素。州长、参议员和国会成员的情况也是如此。"①美国前国务卿鲍威尔的办公室主任劳伦斯·威尔克森对拉脱维亚广播电台说:"美国的政治由大约400人

---

① 《参考消息》2015年8月12日。

决定,他们掌握着数万亿美元的资产,在幕后操控美国政府的决策。""因此,政权掌握在约占美国总人口0.001%的人的手中。"①美国明尼苏达州前州长、《美国阴谋》一书作者杰西·文图拉对《参考消息》报记者说:"美国总统大选以及其他政治活动已被财力雄厚的大公司所操纵,美国选举已被金钱扭曲。"②参加美国总统竞选的伯尼·桑德斯也说:"有些人认为国会控制着华尔街,然而真相是华尔街控制着国会。"③难怪美国盖洛普公司的民调显示,2012年美国民众对国会"非常有信心者"和"较有信心者"相加仅为13%,而2014年进一步降至7%。④ 在这种情况下还硬要把西方选举民主拿来作为评判其他国家是否民主的"普世价值",岂不贻笑大方。

4. 坚持中国共产党的领导是社会主义经济基础的必然要求

经济基础决定上层建筑,一个国家实行什么样的政

① 俄罗斯卫星网,2015年9月11日。
② 《参考消息》2015年10月19日。
③ 《中国社会科学报》2015年10月9日。
④ 《人民日报》2015年5月24日。

治制度、政党制度,归根结底由这个国家实行的经济制度所决定,这是马克思主义的一个基本原理。中国实行共产党领导的多党合作、政治协商的政党制度而不实行多党轮流执政,军队由共产党绝对领导而不搞"非党化""国家化",这一切最深刻的根源都在于中国实行的是公有制为主体、多种经济形式共同发展的基本经济制度,在于社会主义全民所有制经济是中国国民经济的主导力量。这种经济制度决定了在我国,人民内部的根本利益是一致的,并且不允许任何势力破坏这种利益的根本一致性。所以,建立在这种经济制度之上并为之服务的政治制度,只能是工人阶级领导的以工农联盟为基础的人民民主专政,其政党制度也只能是由代表最大多数人民根本利益的中国共产党领导的多党合作、政治协商。

资本主义国家要实行多党竞选、轮流执政的政党制度,同样是由其经济基础决定的。资本主义实行生产资料的资本家私人占有制,在这种制度下掌握生产资料的资产阶级内部必然分为不同的利益集团。这就决定了资本主义国家必须实行多党制和多党轮流执政,而不能搞一党执政。否则,各个利益集团的利益就会缺少自己的政治代表者,代表不同利益集团的政党就会缺少平等上台的机会。同样,这一制度也决定了其军队只能国家化,而不能由哪一个政党单独领导。否则,多党轮流执政就难以实行。然而,这些不同利益集团毕竟同属于资产阶级,因此,代表不同利益集团的政党归根结底都是资产阶级的政党。西方国家中的资产阶级政党之间虽有利益之争,但在维护资本主义私有制、压制工人阶级和人民大众的反抗、保证西方发达国家始终主导国际经济政治秩序等方面,彼此又是一致的。从这个意义上说,资本主义国家的多党制实际上是资产阶级的一党制。美国哥伦比亚大学一位教授就说:"不管是共和党还是民主党掌权,结果几乎没有什么不同。"①因此,资本主义国家军队的所谓"国家化"并没有改变其由资产阶级政党绝对领导和其为资产阶级专政工具的本质。

在社会主义市场经济条件下,人民内部当然也会存在不同利益间的矛盾。但社会主义基本制度决定了这种矛盾是受到限制的,就是说,在中国特色社会主义社会

---

① 美国《赫芬顿邮报》网站,2014 年 11 月 6 日。

里,人民内部的矛盾仍然不允许发展到根本利害冲突的程度,不允许有与人民根本利益相对立的利益集团存在,不需要有代表特殊利益集团的政党出来同代表最大多数人民整体利益的共产党之间相互竞争、轮流执政。既然如此,军队当然也必须由而且只能由中国共产党一党绝对领导。否则,共产党的执政地位就会被架空,人民的根本利益就无法得到维护。尤其当社会主义国家还处在资本主义国家的经济科技军事占据优势的情况下,更需要加强党对军队的绝对领导。邓小平指出:"无产阶级作为一个新兴阶级夺取政权,建立社会主义,本身的力量在一个相当长时期内肯定弱于资本主义,不靠专政就抵制不住资本主义的进攻。坚持社会主义就必须坚持无产阶级专政,我们叫人民民主专政。"①而要坚持人民民主专政,就要坚持党对军队的领导。这不仅不妨碍国家政治体制的运行、影响军队的国防军性质,相反,是保证最大多数人民整体利益不受侵犯、党和人民内部的团结统一不被破坏、社会主义国家安全和世界和平不遭

---

① 《邓小平文选》第3卷,人民出版社,1993,第365页。

到威胁的重要条件。国内外敌对势力之所以起劲鼓噪我们的军队、政法机关要"非党化""国家化",其根本原因也在这里。

（三）中国共产党的领导是中国特色社会主义道路的最大政治优势所在

中华民族是世界最勤劳的民族,但受历史和地理因素的影响,我们国家也存在基础薄弱、资源相对贫乏等缺陷。因此,中华民族要实现伟大复兴,必须继续有一个党能把蕴藏在中华民族包括海外炎黄子孙中的力量,最大限度地调动出来,并集中起来,用于最需要的地方。在当代中国,这个党只能是中国共产党,而不可能是其他任何政治组织和社会力量。

历史已经证明并将继续证明,中国共产党的领导对于中华民族进行伟大复兴的事业来说,不仅是必要条件,而且是最大的政治优势。习近平总书记在2012年省部级主要领导干部专题研讨班结业式上,曾把我们党经过长期奋斗形成的独特优势,概括为理论优势、政治优势、组织优势、制度优势和与人民群众密切联系的优势。这一概括无论对于我们充分认识坚持党的领导的必要性,还是深刻认识珍惜、继承和发扬党的优良传统和宝贵资源，都具有特别重要的意义。

最近，中国人民大学出版社出版了一本名为《高思在云：一个知识分子对21世纪的思考》的书，作者朱云汉是台湾中研院院士、蒋经国基金会执行长。他在书中说，新中国拥有三大得天独厚的优势，其中第一个优势就是特殊政治体制。他写道，许多学者认为，从1949年新中国成立到1979年，中国前30年都浪费掉了。然而恰恰是这个时期，中国以高昂的社会代价建设了动员能力特别强的现代国家，完成了相当彻底的社会主义革命，将土地和工业资本全面公有化，建立了非常强的国家意识，成为中国近30年快速发展的基础。如果将中国与印度相比，社会政治体制对经济发展的作用更为明显。20世纪50年代，印度与中国处在同一发展水平，到2014年，印度成人识字率仍未赶上中国1990年的水平，在健康、卫生、平均寿命等指标上，印度都落后中国20年以上。西方媒体总是给印度冠以"世界最大民主国家"的头衔，但印度的民主只是空有其表，无法有效增进大多数民众的福祉，不能满足大多数普通民众（特别是妇女与穆斯林)的需求。大多数曾在中印做过实地考察的学者都承认,中国政治体制的治理能力要远强于印度。他的这些观点,显然比内地许多所谓"公知"要客观得多,也深刻得多。

我们当然要看到现在一部分党员干部的腐败和官僚主义、形式主义的蔓延,但也要看到绝大多数党员和广大基层干部在为国家为人民积极工作、默默奉献、忍辱负重;要看到要求入党的人中的确有很多动机不够端正,但也要看到对于大多数党员来说,入党动机往往都是通过入党后的教育和学习、实践,才逐步加以端正的;要看到的确有一些愿意为人民服务、个人品行也端正的人,由于党内腐败现象而不愿意入党,但也要看到大多数要求入党的人能够把腐败分子、腐败现象与我们党的性质、宗旨、纲领加以区别;要看到新中国成立前入党的党员在党员比重中已越来越少,但也要看到青年人成为党员主体是党保持活力、后继有人、前途光明的象征;要看到群众中存在对党和政府工作的信任危机,但也要看到广大群众对党和政府的满意度、信任度与世界各国的同类民意调查结果相比,都是最高的。中国共产党现有8800万党员,其中,35 岁以下的人约占四分之一。持续了 20 年的一项高校学生问卷调查显示,对党的执政能力增强和中国特色社会主义事业发展持乐观态度的人分别占 89.6% 和 98.1%。[①] 美国爱德曼公司发布的 2009～2010 年中美两国民众对政府信任度比较报告表明,2009 年分别为 74% 和 46%,2010 年分别为 88% 和 40%,中国比美国高一倍左右。[②] 美国乔治·华盛顿大学教授狄忠蒲在他的一本 2016 年 6 月出版的新作中也说:"中共仍然享有高得惊人的民众支持率。"[③]

另外,前两年英国《金融时报》报道,世界大企业研究会有个统计,说中国的执行能力在世界上排名第三,仅次于跨国公司和各国的中央银行,远远高于美国总统和美国国会。这也说明,我国党和政府机关尽管存在"中间梗阻"的现象和有的方面效率不够高的问题,但从总体看,执行力都是很强的,起码不比发达国家差。

---

① 唐爱军:《坚定对中国特色社会主义道路的自信》,《刊授党校》2013 年第 1 期。
② 《法制晚报》2011 年 1 月 26 日。
③ 《参考消息》2016 年 3 月 12 日。

（四）只要坚持中国共产党的领导就一定能实现中华民族的伟大复兴

中华民族为了实现伟大复兴，从 19 世纪中叶的农民起义算起，到现在整整奋斗了 160 多年。如果说在过去的奋斗中难免走弯路的话，在剩下的有限时间里，则容不得再犯大的错误，尤其不能犯全局性、颠覆性的错误。而要保证中华民族始终沿着正确方向前进，必须继续有一个用先进的科学的思想武装和有丰富执政经验的党来领导。在当代中国，这个党只能是中国共产党，而不可能是其他任何政治组织和社会力量。

我们党在过去领导民主革命和后来领导社会主义建设的过程中，都曾经犯过大错误，今天仍然有许多缺点、错误，今后也不能保证完全不犯错误。但是，我们党并没有因为这些错误而失去人民的信任和尊重。这是因为，首先，这些缺点和错误并不代表我们党的本质；其次，这些缺点和错误再大，与我们党为中华民族复兴已做出的和正在做出的贡献相比，都是第二位的；再次，我们党具有勇于承认和善于从错误中吸取教训的精神，也有极强的自我纠错机制和纠错能力。只要回顾一下历史就会清楚,凡是我们党犯过的错误都是自己发现、自己纠正的,像我们党这样能够如此坦诚地揭露和分析自己错误的党,在世界历史上还找不出第二个。为什么我们党能有这么强的纠错机制呢?我认为原因有以下几点。

第一,我们党有全心全意为人民服务的宗旨。因为有这个宗旨,所以我们党在不同历史时期虽然也出过叛徒、汉奸、野心家、腐败分子等形形色色的坏人,有的还是高级干部,甚至是党和国家的领导人,但他们只能偷偷摸摸地干坏事,而且一经发现,一定会被清理出去。我们党执政后,手里有了权,因此想以权谋私的人会千方百计钻进来。但正因为党有为人民服务的宗旨,所以积极加入党组织的绝大多数人,还是想把自己的力量融入党里,为党的宗旨而奋斗;少数钻进党里以权谋私的人虽然会利用手中权力损害人民利益,但党在制定政策时,从来不会从少数人的利益出发,更不会谋取自己的特殊利益。因此,党在发现错误的情况下,从来不会拒绝承认和改正错误,更不会隐瞒错误。正如毛泽东在《为人民服务》一文中所说:"因为我们是为人民服务的,所以,我们如果有缺点,就不怕别人批评指出。不管什么人,谁向我们指出都行。只要你说得对,我们就改正。你说的办法对人民有好处,我们就照你的办。……只要我们为人民的利益坚持好的,为人民的利益改正错的,我们这个队伍就一定会兴旺起来。"①

第二,我们党有理论联系实际、密切联系群众、批评与自我批评的作风。我们国家的政治体制与西方不同,不搞多党竞选,也不搞频繁投票,但我们党有西方资产阶级政党所不具备的三大作风。毛泽东说过,这三大作风是我们共产党人区别于其他任何政党的显著标志。我们党之所以能有较强的纠错机制,与这三大作风有很大关系。正因为理论和实际要结合,所以提倡办事情、作决策注重从实际出发,防止主观主义。正因为和人民群众要紧密联系,所以提倡办事情、作决策之前多听取群众意见,防止官僚主义。正因为要开展批评与自我批评,所以提倡办事情、作决策要发现错误及时指出,当事人也要及时检讨,防止一团和气和当面不说、背后乱说。有了这样的作风,错误自然会少犯,犯了也容易暴露、容易纠正。

---

① 《毛泽东选集》第 3 卷,人民出版社,1991,第 1004～1005 页。

资产阶级政党要靠投票上台，议会也常常靠投票表决，且不说这种民主具有的虚伪性，单就投票本身说，也容易出现为拉选票和怕丢选票而夸夸其谈、文过饰非、不敢坚持原则等恶劣作风。我们不把选举当成民主的唯一形式，也不把得票多少作为评价干部的唯一标准，是我们党具有较强纠错机制的重要原因。毛泽东早在 1955 年就说过：“批评要尖锐。……怕得罪人，无非是怕丧失选举票，还怕工作上不好相处。你不投我的票，我就吃不了饭？没有那回事。”①

第三，我们党有自我整顿自我清理的传统。我们党一贯重视思想、作风、组织整顿，不间断地清理自身污垢，因此有极强的自洁力。改革开放前，我们党搞过不少政治运动，其中有些由于受“左”的思想干扰，简单化倾向严重，打击面过宽，副作用很大。但这些运动的主旨，基本都在于防止党脱离群众、腐化变质，而且确实起到了拒腐防变的作用。改革开放后，我们党一方面总结经验教训，纠正了过去整风中“左”的错误和简单方法，着重于制度

---

① 《毛泽东文集》第 6 卷，人民出版社，1999，第 406 页。

建设,加强对权力的监督与制约;另一方面,继承和发扬不断整风的优良传统,接二连三地开展党内整顿和教育活动。例如,1984 年进行整党,1990 年进行党员重新登记,1998 年进行"三讲"教育,2003 年进行"三个代表"教育,2008 年进行党员先进性教育,党的十八大后开展党的群众路线教育实践活动和"三严三实"专题教育,最近又决定在全国基层党组织中搞"两学一做"学习教育活动。这些教育活动的主题虽然各有不同,但中心仍然是提醒全体党员特别是党员领导干部,牢记"两个务必",坚持立党为公、执政为民的思想,防止脱离群众,不忘党风问题关系党的生死存亡,警惕帝国主义的"和平演变",等等。这些活动在其他执过政或正在执政的共产党里是很少见的,但对我们党经受长期执政、市场经济、对外开放的考验,确实起到了和正在起着积极有效的作用。

为了进一步加强党的纠错机制,党的十八大以来在严厉惩治腐败的同时,还注意健全权力运行的制约和监督体系,强调用制度管权管事管人,确保决策权、执行权、监督权既相互制约又相互协调,着力推进权力运行公开化、规范化,完善党务公开、政务公开、司法公开和各领域办事公开制度,切实加强党内监督、民主监督、法律监督、舆论监督,让权力在监督下运行。中央要求各级领导干部特别是高级干部严格执行重大事项报告制度,加强对亲属和身边工作人员的教育和约束,不允许搞特权;实行党代会代表提案制,完善地方党委讨论决定重大问题和任用重要干部的票决制,完善党员定期评议基层党组织领导班子等制度,推行党员旁听基层党委会议、党代会代表列席同级党委有关会议等做法。所有这一切对于我们党加强纠错机制,确保引领中华民族复兴的巨轮始终朝着正确方向前进,具有重要意义。

自从我们党成立和新中国成立以来,帝国主义预言家的"中共灭亡论""中国崩溃论"等论调,已经唱了几十年。但我们党并没有被唱倒,相反伴随骂声而不断壮大;我们国家也没有被唱衰,相反伴随骂声而不断强盛。这是因为,我们党有一个立党为公、全心全意为人民服务的宗旨,有一个最为科学并不断与时俱进的指导理论和重视理论学习、不断总结经验的传统,有一个解放思想、实事求是的思想路线,有一个从中央到地方、遍布各系统各领域的严密组织系统和纪律检查系统,有一个理论联系实际、密切联系群众、批评与自我批评的传统作风,有一个为中华民族复兴奋斗90多年和执政60多年的历史。正是这些,使她具有长盛不衰的生命力,有凝聚13亿人民的亲和力,有带领人民共同奋斗的动员力,有克服一切困难而不被困难所征服的战斗力。只要有这样的党领导,我们国家必然不断强盛,中华民族的伟大复兴绝对不可阻挡。正像毛泽东在1930年形容中国革命高潮快要到来时所形容的:"它是站在海岸遥望海中已经看得见桅杆尖头了的一只航船,它是立于高山之巅远看东方已见光芒四射喷薄欲出的一轮朝日,它是躁动于母腹中的快要成熟了的一个婴儿。"①让我们更加紧密团结在以习近平同志为总书记的党中央周围,为迎接中华民族伟大复兴的到来而努力奋斗吧!

---

① 《毛泽东选集》第1卷,人民出版社,1991,第106页。

居安思危·世界社会主义小丛书
（已出书目）

编号	作者	书 名	审稿人
1	李慎明	忧患百姓忧患党 ——毛泽东关于党不变质思想探寻	侯惠勤
2	陈之骅	俄国十月社会主义革命	王正泉
3	毛相麟	古巴：本土的可行的社会主义	徐世澄
4	徐世澄	当代拉丁美洲的社会主义思潮与实践	毛相麟
5	姜　辉 于海青	西方世界中的社会主义思潮	徐崇温
6	何秉孟 李　千	新自由主义评析	王立强
7	周新城	民主社会主义评析	陈之骅
8	梁　柱	历史虚无主义评析	张树华
9	汪亭友	"普世价值"评析	周新城
10	王正泉	戈尔巴乔夫与"人道的民主的社会主义"	陈之骅

编号	作者	书　名	审稿人
11	王伟光	马克思主义与社会主义的历史命运	侯惠勤
12	李慎明	居安思危：苏共亡党的历史教训	课题组
13	李　捷	毛泽东对新中国的历史贡献	陈之骅
14	靳辉明 李瑞琴	《共产党宣言》与世界社会主义	陈之骅
15	李崇富	毛泽东与马克思主义中国化	樊建新
16	罗文东	中国特色社会主义理论与实践	姜　辉
17	吴恩远	苏联历史几个争论焦点真相	张树华
18	张树华 单　超	俄罗斯的私有化	周新城
19	谷源洋	越南社会主义定向革新	张加祥
20	朱继东	查韦斯的"21世纪社会主义"	徐世澄
21	卫建林	全球化与共产党	姜　辉
22	徐崇温	怎样认识民主社会主义	陈之骅
23	王伟光	谈谈民主、国家、阶级和专政	姜　辉

编号	作者	书名	审稿人
24	刘国光	中国经济体制改革的方向问题	樊建新
25	有林 等	抽象的人性论剖析	李崇富
26	侯惠勤	中国道路和中国模式	李崇富
27	周新城	社会主义在探索中不断前进	陈之骅
28	顾玉兰	列宁帝国主义论及其当代价值	姜 辉
29	刘淑春	俄罗斯联邦共产党二十年	陈之骅
30	柴尚金	老挝:在革新中腾飞	陈定辉
31	迟方旭	建国后毛泽东对中国法治建设的创造性贡献	樊建新
32	李艳艳	西方文明东进战略与中国应对	于 沛
33	王伟光	纵论意识形态问题	姜 辉
34	朱佳木	中国特色社会主义纵横谈	朱峻峰
35	姜 辉	21世纪世界社会主义的新特点	陈之骅
36	樊建新	我国社会主义初级阶段的基本经济制度	周新城

图书在版编目(CIP)数据

中国特色社会主义纵横谈／朱佳木著. -- 北京：
社会科学文献出版社，2016.10
　（居安思危·世界社会主义小丛书）
　ISBN 978 - 7 - 5097 - 9679 - 5

　Ⅰ.①中… 　Ⅱ.①朱… 　Ⅲ.①中国特色社会主义 - 研
究 　Ⅳ.①D616

中国版本图书馆 CIP 数据核字（2016）第 212854 号

居安思危·世界社会主义小丛书
中国特色社会主义纵横谈

著　　者／朱佳木

出 版 人／谢寿光
项目统筹／祝得彬
责任编辑／仇　扬　安　静

出　　版／社会科学文献出版社·马克思主义编辑部（010）59367004
　　　　　地址：北京市北三环中路甲 29 号院华龙大厦　邮编：100029
　　　　　网址：www.ssap.com.cn
发　　行／市场营销中心（010）59367081　59367018
印　　装／北京季蜂印刷有限公司

规　　格／开　本：787mm×1092mm　1/32
　　　　　印　张：6.5　字　数：94 千字
版　　次／2016 年 10 月第 1 版　2016 年 10 月第 1 次印刷
书　　号／ISBN 978 - 7 - 5097 - 9679 - 5
定　　价／20.00 元